CHRISTIAN PUBLISH
HOUSE & PROBE MI

CRISTIANOS Y ECONOMIA
Un Punto de Vista Bíblico

KERBY ANDERSON

Porque la raíz de todos los males es el amor al dinero.
—1 Timoteo 6:10, La Biblia de las Américas (LBLA).

CRISTIANOS Y ECONOMIA

Un Punto de Vista Bíblico

Kerby Anderson

Christian Publishing House
Cambridge, Ohio

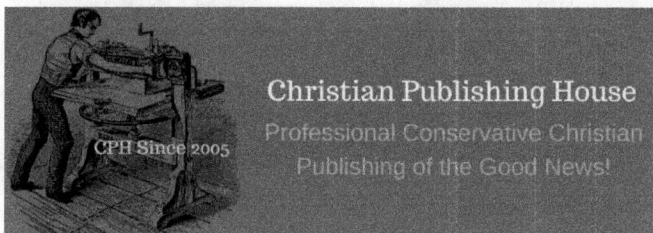

Christian Publishing House
Professional Conservative Christian
Publishing of the Good News!

CPH Since 2005

La Biblia de las Américas (LBLA) Copyright © 1986, 1995, 1997 by The Lockman Foundation

CRISTIANOS Y ECONOMIA: Un punto de vista bíblico by Kerby Anderson

ISBN-13: 978-1-949586-75-6

ISBN-10: 1-949586-75-8

Traducido por Pamela Navarrete Andrews

Probe for answers

Table of Contents

v

Kerby Anderson

Kerby Anderson es el presidente de Probe Ministries. Tiene una maestría de la Universidad de Yale (ciencia) y la Universidad de Georgetown (gobierno).

También se desempeña como profesor visitante en el Seminario Teológico de Dallas y ha hablado en docenas de campus universitarios, como la Universidad de Michigan, la Universidad de Vanderbilt, la Universidad de Princeton, la Universidad Johns Hopkins, la Universidad de Colorado y la Universidad de Texas

Es autor de quince libros que incluyen *Signs of Warning, Signs of Hope, Moral Dilemmas, Christian Ethics in Plain Language, A Biblical Point of View on Islam, A Biblical Point of View on Homosexuality, A Biblical Point of View on Intelligent Design, A Biblical Point of View on Spiritual Warfare*, and *Managing Your Money in Tough Times.* He is also the editor of many books including *Marriage, Family, & Sexuality* and *Technology, Spirituality, & Social Trends.*

Es el presentador del programa de radio "Point of View" e invitado habitual en "Fire Away" (American Family Radio). Ha aparecido en numerosos programas de entrevistas de radio y televisión, como "MacNeil / Lehrer News Hour", "Focus on the Family", "Beverly LaHaye Live" y "The 700 Club."

Produce diariamente un comentario de radio sindicado y escribe editoriales que han aparecido en *Dallas Morning News*, the *Miami Herald*, the *San Jose Mercury*, and the *Houston Post.* Sus comentarios de radio han sido publicados por International Media Services, United Press International, American Family Radio, Moody Radio, y the USA Radio Network.

Kerby está Casado con Susanne y es padre de tres hijos adultos.

Prefacio

¿Cómo deben pensar los Cristianos sobre los asuntos económicos? Vivimos en un mundo afectado por las tendencias económicas y las políticas económicas. ¿Qué dice la Biblia acerca de la economía? ¿Cómo deben pensar los Cristianos sobre el trabajo, la riqueza y la pobreza? ¿Cómo debemos reaccionar ante la globalización y la economía mundial?

Estos son algunos de los temas importantes que consideraremos en este libro. Los capítulos de este se emitieron originalmente como programas de radio de Probe Ministries y se han editado en capítulos que tratan diversos aspectos de economía, finanzas y negocios. Debido a que se emitieron en diferentes años, ocasionalmente hay una superposición de contenido. Esto es útil ya que a menudo nos fijamos en un aspecto diferente del mismo problema, y la repetición es una ayuda útil para el aprendizaje.

La primera sección expone los principios bíblicos sobre la economía. La segunda sección aborda el tema de los sistemas económicos (capitalismo, socialismo) y los problemas económicos que surgen a medida que discutimos estos.

La tercera sección trata los muchos desafíos que enfrentamos en el siglo XXI. Estos van desde la globalización y el **mundo plano**[1] hasta los desafíos

---

[1] El mundo es plano: una breve historia del siglo XXI (Consultado el miércoles 24 de octubre de 2018.)

http://www.worldincbook.com/res_book_friedman.html

"Friedman cree que el mundo es plano en el sentido de que el campo de juego competitivo entre los países industriales y de mercados emergentes se está nivelando; y que tanto los empresarios individuales como las empresas, tanto grandes como pequeñas, se están financieros que enfrentamos como nación debido a nuestra deuda y derechos gubernamentales. También proporciona sugerencias prácticas sobre cómo evitar el materialismo y cómo vivir en un mundo de consumismo.

La Biblia nos exhorta a que seamos buenos administradores (trabaja con todo el corazón como para el Señor - Colosenses 3:23) y que mantengamos nuestra vida libre del amor al dinero (Hebreos 13: 5) para que estemos contentos con lo que tenemos. La Biblia nos recuerda que "el amor al dinero es la raíz de todo tipo de males" (1 Timoteo 6:10). Aprendamos a usar el dinero sabiamente y a vivir vidas santas.

---

convirtiendo en parte de una cadena de suministro global grande y compleja que se extiende a través de los océanos, con una competencia que abarca continentes enteros."

SECCIÓN 1 PRINCIPIOS CRISTIANOS

CAPÍTULO 1 Biblia y Economía

¿Cómo vamos a desarrollar una visión Cristiana de la economía? La Biblia proporciona una base moral firme para la economía, pero no es así como hoy en día se enseña. Hace algunos siglos, se daba mayor énfasis al aspecto moral de la economía.

Por ejemplo, si observas la *Suma Teológica* escrita por Tomás de Aquino, encontrarás secciones completas de su trabajo teológico dedicado a temas económicos. Hizo preguntas tales como: "¿Qué es un precio justo?" O "¿Cómo debemos lidiar con la pobreza?"

Hoy, estas preguntas, si se discuten en absoluto, sería discutido en una clase sobre teoría económica. Pero en su tiempo, estas eran preguntas teológicas como una parte crítica e integral de los currículos educativos.

En la Reforma protestante, encontramos lo mismo. En los Institutos de la religión Cristiana de Juan Calvino, secciones completas están dedicadas al gobierno y la economía. Por lo tanto, los Cristianos no deben sentir que la economía está fuera del dominio del pensamiento Cristiano. En todo caso, necesitamos recapturar este granito de arena y traer un fuerte mensaje bíblico para ello.

La Biblia habla sobre temas económicos más que cualquier otro tema. Secciones enteras del libro de Proverbios y muchas de las parábolas de Jesús tratan asuntos económicos. Nos dicen cuál debe ser nuestra actitud hacia la riqueza y cómo un Cristiano debe manejar sus finanzas. La Biblia también proporciona una descripción de la naturaleza humana, que nos ayuda a evaluar el posible éxito de un sistema económico en la sociedad.

Visión Bíblica de la Naturaleza Humana

La Biblia enseña que hay dos aspectos de la naturaleza humana. Primero, somos creados a imagen de Dios y, por lo tanto, somos capaces de controlar el sistema económico. Pero segundo, los seres humanos son pecaminosos y, por lo tanto, tienden a la codicia y la explotación. Esto apunta a la necesidad de proteger a los individuos del pecado humano en el sistema económico. Por lo tanto, los Cristianos tienen una visión mucho más equilibrada de la economía y, por lo tanto, pueden construir teorías económicas y analizar los sistemas económicos existentes.

Los Cristianos deberían ver la falacia de tales teorías económicas utópicas porque estas no toman en serio el pecado humano. En lugar de cambiar a las personas desde adentro hacia afuera como lo hace el evangelio, los marxistas creen que las personas serán cambiadas desde afuera hacia adentro. Cambia la base económica, dicen, y cambiarás a los seres humanos. Esta es una de las razones por las que el marxismo estaba condenado al fracaso porque no tenía en cuenta el pecado humano y nuestra necesidad de redención espiritual.

Cuando observamos teorías de gobierno o teorías de economía, un punto de partida importante es nuestra visión de la naturaleza humana. Esto nos ayuda a analizar estas teorías y predecir su posible éxito en la sociedad. Por lo tanto, debemos acudir a las Escrituras para evaluar el fundamento mismo de cada teoría económica.

Primero, la Biblia dice que los seres humanos son creados a imagen de Dios. Esto implica que tenemos racionalidad y responsabilidad. Debido a que tenemos racionalidad y voluntad, podemos elegir entre varios productos y servicios de la competencia. Además, podemos funcionar dentro de un sistema de mercado en el que las personas pueden ejercer su poder de elección.

No somos como los animales que se rigen por el instinto. Nos regimos por la racionalidad y podemos tomar decisiones significativas dentro de un sistema de mercado.

También podemos asumir que la propiedad privada puede existir dentro de este sistema debido a la idea bíblica de dominio. En Génesis 1:28, Dios dice que debemos someter la tierra y tener dominio sobre la creación. Ciertamente, un aspecto de esto es que los humanos pueden poseer propiedades en las que pueden ejercer su dominio.

Dado que tenemos derechos de propiedad privada y de volición, podemos asumir que debemos tener la libertad de intercambiar estos derechos de propiedad privada en un mercado libre donde se puedan intercambiar bienes y servicios.

La segunda parte de la naturaleza humana también es importante. La Biblia describe la caída del mundo y la caída de la humanidad. Somos criaturas caídas con una naturaleza pecaminosa. Este pecado se manifiesta en el egoísmo, la codicia y la explotación. Por lo tanto, necesitamos cierta protección, en un sistema económico, contra los efectos pecaminosos de la interacción humana.

Dado que la Biblia enseña acerca de los efectos del comportamiento pecaminoso en el mundo, deberíamos preocuparnos por cualquier sistema que concentre el poder económico y, por lo tanto, desate los estragos del comportamiento pecaminoso en la sociedad. Los Cristianos, por lo tanto, deben rechazar las economías controladas por el estado o economías controladas centralmente, que concentrarían el poder en manos de unos pocos individuos pecaminosos. En cambio, deberíamos apoyar un sistema económico que dispersaría ese poder y nos protegería de la codicia y la explotación.

Finalmente, también debemos reconocer que no solo ha caído la naturaleza humana, sino que el mundo ha caído. El mundo se ha convertido en un lugar de decadencia y escasez. En un mundo caído, debemos ser buenos administradores de los recursos limitados que pueden estar disponibles en una economía de mercado. Dios nos ha dado dominio sobre su creación, y debemos ser buenos administradores de los recursos a nuestra disposición.

Visión Bíblica de la Propiedad Privada

La Biblia proporciona algunos principios generales relacionados con la propiedad. Primero, la Biblia enseña claramente que todo en el mundo pertenece al Señor. El Salmo 24: 1 dice: "Del Señor es la tierra y todo lo que hay en ella; el mundo y los que en él habitan." Al mismo tiempo, la Biblia también enseña que se nos da dominio sobre la creación (Génesis 1:28). Somos responsables ante Dios por nuestra administración de los recursos. Debido a que Dios lo posee todo (Salmo 24: 1), nadie posee propiedades a perpetuidad. Pero la Biblia otorga derechos de propiedad privada a individuos. Uno de los Diez Mandamientos prohíbe el robo, aprobando así los derechos de propiedad privada. El libro de Exodo establece los derechos de los dueños de propiedades y las responsabilidades de quienes violan esos derechos. La restitución financiera (Éxodo 22) se debe hacer a los propietarios en caso de robo o negligencia. Se permite la fuerza física para proteger la propiedad (Éxodo 22: 2). Los animales perdidos deben ser devueltos, incluso cuando pertenecen a un enemigo (Éxodo 23: 4). Quitar los puntos de referencia que protegen la propiedad está claramente prohibido (Deuteronomio 19:14; 27:17; Job 24: 2; Proverbios 22:28; Oseas 5:10).

Algunos Cristianos han sugerido que el Nuevo Testamento rechaza la idea de propiedad privada porque el libro de Hechos enseña que los primeros Cristianos tenían la propiedad en común. Pero esta participación comunitaria en el Nuevo Testamento fue voluntaria. Hechos 2: 44-47 dice: "Todos los que habían creído estaban juntos y tenían todas las cosas en común; vendían todas sus propiedades y sus bienes y los compartían con todos, según la necesidad de cada uno. Día tras día continuaban unánimes en el templo y partiendo el pan en los hogares, comían juntos con alegría y sencillez de corazón, alabando a Dios y hallando favor con todo el pueblo. Y el Señor añadía cada día al número de ellos los que iban siendo salvos."

Los primeros Cristianos no rechazaron la idea de propiedad privada. Ten en cuenta que aún conservaban los derechos de propiedad privada hasta que renunciaron voluntariamente a esos derechos para ayudar a otros creyentes en Jerusalén. Esta fue una guía específica del Espíritu Santo para satisfacer las necesidades de la creciente iglesia del Nuevo Testamento.

Podemos ver que retuvieron los derechos de propiedad en las acciones de Ananías y Safira. Su pecado no era que mantuvieran el control de algunos de sus bienes, sino que mintieron al respecto. Hechos 5:4 "Mientras estaba sin venderse, ¿no te pertenecía? Y después de vendida, ¿no estaba bajo tu poder? ¿Por qué concebiste este asunto en tu corazón? No has mentido a los hombres sino a Dios."

También, nota que Pablo llamó a la caridad voluntaria a los creyentes en Jerusalén cuando instó a los creyentes del Nuevo Testamento a dar para las necesidades de los miembros de la iglesia. 2 Corintios 8: 13-15 dice: "Esto no es para holgura de otros y para aflicción vuestra, sino para que haya igualdad; en el momento actual vuestra abundancia suple la necesidad de ellos, para que también la abundancia de ellos supla vuestra necesidad, de modo que haya igualdad. Como está escrito: El que recogió mucho, no tuvo demasiado; y el que recogió poco, no tuvo escasez."

Visión Bíblica del Trabajo

¿Cuál es el lugar del trabajo en la actividad económica? Deberíamos comenzar por aclarar un gran error. Muchos Cristianos piensan que trabajamos por la caída, es decir, por el pecado de Adan y Eva (Génesis 3). En realidad, eso no es cierto. El trabajo no es un producto de la caída, más bien, es parte del orden de la creación (Génesis 2: 15-17). Si bien es cierto que el trabajo se deformó por la caída, por lo que ahora hay trabajo y trabajo duro.

Dios nos creó para trabajar la tierra y ser productivos. A través del trabajo, se nos da la oportunidad de diseñar y crear. Debido a la obra redentora de Cristo en nuestro nombre, todos nosotros podemos estar involucrados en un trabajo significativo que es bueno y refleja Su propósito redentor.

Segundo, somos creados a la imagen de Dios (Génesis 1:27), por lo que podemos encontrar trabajo gratificante y empoderador. Dios nos da el privilegio de disfrutar la tierra y obtener ganancias y beneficios de lo que pueda producir (Génesis 9: 1-3). Al mismo tiempo, también debemos ser responsables por el trabajo que hacemos o dejamos de hacer. Cuando Pablo escribió a los Tesalonicenses, dedicó una parte de sus epístolas a la importancia del trabajo para el Cristiano. En 1 Tesalonicenses 4: 11-12, dijo: "Que tengáis por vuestra ambición el llevar una vida tranquila, y os ocupéis en vuestros propios asuntos y trabajéis con vuestras manos, tal como os hemos mandado; a fin de que os conduzcáis honradamente para con los de afuera, y no tengáis necesidad de nada." También advierte en 2 Tesalonicenses 3:10 que "si alguno no quiere trabajar, que tampoco coma."

En tercer lugar, también hay una satisfacción en el trabajo. No solo satisface una necesidad humana básica, sino que también es un privilegio provisto por la mano de Dios. Eclesiastés 2:24 dice: "Nada hay mejor para el hombre que comer y beber y decirse que su trabajo es bueno. Esto también yo he visto que es de la mano de Dios."

Los Proverbios hablan de la importancia y los beneficios del trabajo. Proverbios 12:11 dice: "El que labra su tierra se saciará de pan, pero el que persigue lo vano carece de entendimiento." Proverbios 13: 4 dice: "El alma del perezoso desea, pero nada consigue, mas el alma de los diligentes queda satisfecha." Y Proverbios 14:23 dice: "En todo trabajo hay ganancia, pero el vano hablar conduce sólo a la pobreza."

Cuarto, debemos trabajar para el Señor. Pablo exhorta a los creyentes a "Y todo lo que hagáis, hacedlo de corazón, como para el Señor y no para los hombres" (Colosenses 3:23). Pablo también dice en 1 Corintios 1: 26-31:

> "Pues considerad, hermanos, vuestro llamamiento; no hubo muchos sabios conforme a la carne, ni muchos poderosos, ni muchos nobles; sino que Dios ha escogido lo necio del mundo, para avergonzar a los sabios; y Dios ha escogido lo débil del mundo, para avergonzar a lo que es fuerte; y lo vil y despreciado del mundo ha escogido Dios; lo que no es, para anular lo que es; para que nadie se jacte delante de Dios. Mas por obra suya estáis vosotros en Cristo Jesús, el cual se hizo para nosotros sabiduría de Dios, y justificación, y santificación, y redención, para que, tal como está escrito: El que se gloria, que se glorie en el Señor."

También aprendemos de las Escrituras que sin la participación de Dios en nuestro trabajo, el trabajo humano es inútil. El Salmo 127: 1 dice: "Si el Señor no edifica la casa, en vano trabajan los que la edifican." Las bendiciones de Dios vienen a nosotros a través de nuestra labor.

Finalmente, con el trabajo también debe haber descanso. La ley del Sabbath (Ex. 20: 8-11) y las otras disposiciones del Antiguo Testamento para fiestas y descansos demuestran la importancia del descanso. En el Nuevo Testamento también vemos que Jesús estableció un patrón para el descanso (Marcos 6: 45-47; Lucas 6:12) en su ministerio. Los creyentes deben trabajar por el Señor y su Reino, pero también deben evitar ser adictos al trabajo y tomarse un tiempo para descansar.

También debemos mencionar lo contrario del trabajo. La Biblia nos advierte de las consecuencias de la ociosidad. Proverbios 24: 30-34 dice:

> "He pasado junto al campo del perezoso, y junto a la viña del hombre falto de entendimiento, y he aquí, estaba todo lleno de cardos, su superficie cubierta de ortigas, y su cerca de piedras, derribada. Cuando lo vi, reflexioné sobre ello; miré, y recibí instrucción. Un poco de dormir, un poco de dormitar, un poco de cruzar las manos para descansar, y llegará tu pobreza como ladrón, y tu necesidad como hombre armado."

El Rol del Gobierno

La Biblia da algunos principios claros sobre el gobierno. Primero, a los Cristianos se les ordena obedecer al gobierno (Romanos 13: 1) y someterse a la autoridad civil (1 Pedro 2: 13–17). Estamos llamados a prestar servicio y obediencia al gobierno (Mateo 22:21). Sin embargo, no debemos rendir una sumisión total. Puede haber un momento en que los Cristianos pueden ser llamados a desobedecer a los líderes del gobierno que se han puesto en oposición a la ley divina (Romanos 13: 1-5; Juan 19:11). Debemos obedecer a las autoridades civiles (Romanos 13: 5) para evitar la anarquía y el caos, pero puede haber ocasiones en que nos veamos obligados a obedecer a Dios antes que a los hombres (Hechos 5:29).

Segundo, entendemos que debido a la caída (Génesis 3), todos tienen una naturaleza pecaminosa (Romanos 3:23). El gobierno debe, por lo tanto, administrar justicia en el ámbito político y económico. También debe protegernos contra la agresión, así como proporcionar trabajos públicos (1 Reyes 10: 9).

La realidad de la naturaleza pecaminosa dicta que no permitamos una concentración política de poder. El poder gubernamental debe limitarse a los controles y balances apropiados. El gobierno tampoco debe usarse de manera coercitiva para intentar cambiar a los individuos. No debemos aceptar la idea de que el estado puede transformar a las personas desde el exterior. Solo el evangelio puede cambiar a las personas desde adentro y hacer que se conviertan en nuevas criaturas (2 Corintios 5:17).

Considere estas cuatro funciones del gobierno en el ámbito económico. El gobierno debe garantizar la justicia de las siguientes maneras:

• "No cometan injusticias falseando las medidas de longitud, de peso y de capacidad, usen balanzas, pesas y medidas justas. (Levítico 19: 35-36; Deuteronomio 25:15; Prov. 20:23; Lucas 6:38), la moneda no debería ser degradada por la política monetaria inflacionaria u otros medios (por ejemplo, mezclando plomo con plata)."

• La justicia procesal requiere que los contratos y compromisos sean respetados (Levítico 19:13).

• El gobierno también debe garantizar la justicia cuando las personas son engañadas o estafadas. En estos casos, el costo de la restauración debe ser asumido por la parte culpable o negligente (Éxodo 21: 33-36; 22: 5-8, 10-15). El gobierno también debe tratar con aquellos que dan una acusación falsa (Deuteronomio 19: 16-19).

• El gobierno también debe prevenir la discriminación económica. Esto se aplicaría a los de diferente clase económica (Santiago 2: 1-4), así como a los de diferente sexo, raza y antecedentes religiosos (Gálatas 3: 26-29). El gobierno puede ejercer una gran influencia en la economía y, por lo tanto, debe usar su poder regulador para protegerse contra la discriminación.

Dicho esto, la función principal del gobierno es establecer las reglas y proporcionar un medio de reparación. Se debe permitir que el mercado libre funcione con el gobierno proporcionando los límites y protecciones económicas necesarias. Una vez hecho esto en el sistema de libre empresa, los individuos son libres de usar sus opciones económicas en un mercado libre.

Sistema de Libre Empresa

El fundamento filosófico para el capitalismo se puede encontrar en la publicación The Wealth of Nations, escrita por Adam Smith en 1776. Argumentó que el sistema económico mercantil que funcionaba en ese momento en Gran Bretaña no era el mejor fundamento económico. En cambio, argumentó que la riqueza de las naciones podría incrementarse permitiendo que el individuo busque su propio interés y eliminando el control gubernamental sobre la economía.

Su teoría se apoyaba en tres premisas principales. Primero, su sistema se basaba en la observación de que las personas están motivadas por el interés propio. Dijo: "No es por la benevolencia del carnicero, el cervecero o el panadero que esperamos nuestra cena, sino por su interés en su propio interés". Smith continuó diciendo que "ninguno tiene la intención de promover el interés público", sin embargo, cada uno es "dirigido por una mano invisible para promover un fin que no era parte de la [su] intención."[2]

Una segunda premisa de Adam Smith fue la aceptación de la propiedad privada. La propiedad no se tenía en común, sino que se era propietario y se negociaba libremente en un sistema de mercado. Las ganancias generadas por el uso y el intercambio de derechos de propiedad privada proporcionaron incentivos y se convirtieron en el mecanismo que impulsa el sistema capitalista.

Desde una perspectiva Cristiana, podemos ver que la base de la propiedad privada descansa en nuestro ser creado a la imagen de Dios. Podemos tomar decisiones sobre la propiedad que podemos intercambiar en un sistema de mercado. La necesidad de propiedad privada surge de nuestro pecado. Nuestra naturaleza pecaminosa produce pereza, negligencia y descuido. La justicia económica se puede lograr mejor si cada persona es responsable de su propia productividad.

La tercera premisa de la teoría de Adam Smith fue la minimización del papel del gobierno. Tomando prestada una frase de los fisiócratas franceses, llamó a esto laissez-faire. Smith argumentó que deberíamos disminuir el papel del gobierno y aumentar el papel de un mercado libre.

Históricamente, el capitalismo ha tenido una serie de ventajas. Ha liberado el potencial económico. También ha

---

[2] Adam Smith, *The Wealth of Nations*, Book 4, Chapter 2 (1776).

proporcionado la base para una mayor libertad política y económica. Cuando el gobierno no controla los mercados, entonces hay libertad económica para participar en toda una serie de actividades empresariales.

El capitalismo también ha llevado a una gran libertad política, porque una vez que limitas el papel del gobierno en la economía, limitas el alcance del gobierno en otras áreas. No es casualidad que la mayoría de los países con la mayor libertad política suelen tener una gran libertad económica.

Esto no significa que los Cristianos deben respaldar todos los aspectos del capitalismo. Por ejemplo, muchos defensores del capitalismo sostienen una visión conocida como utilitarismo, que se opone a la noción de los absolutos bíblicos. Ciertamente, debemos rechazar esta filosofía así como algunos de los abusos del capitalismo.

Críticas Económicas del Capitalismo

La primera crítica económica es que el capitalismo conduce a los monopolios. Estos se desarrollan por dos razones: muy poco gobierno y demasiado gobierno. Los monopolios han ocurrido en el pasado porque el gobierno no ha estado dispuesto a ejercer su autoridad dada por Dios. El gobierno finalmente intervino y rompió los grandes fideicomisos que no permitían que el sistema de libre empresa funcionara correctamente.

Pero en las últimas décadas, la razón de los monopolios ha sido a menudo demasiado gobierno. Muchos de los monopolios más grandes hoy en día son monopolios autorizados o patrocinados por el gobierno que impiden que se produzca una verdadera competencia. La solución es que el gobierno permita un mercado más libre donde pueda haber competencia.

Permítanme agregar que muchas personas suelen llamarlos mercados con monopolios de competencia limitada cuando el término no es apropiado. Por ejemplo, las principales compañías de automóviles pueden parecer un monopolio u oligopolio hasta que te das cuenta de que en el mercado de bienes de consumo duraderos el verdadero mercado es todo el mundo occidental.

La segunda crítica al capitalismo es que conduce a la contaminación. En un sistema capitalista, los contaminantes son considerados externalidades. El productor incurrirá en costos externos a la empresa, por lo que a menudo no hay incentivo para limpiar la contaminación. En su lugar, se descarga en áreas comunes, como el aire o el agua.

La solución, en este caso, es la regulación gubernamental. Sin embargo, esto no tiene por qué ser una justificación para construir una burocracia masiva. Necesitamos encontrar formas creativas de dirigir el interés propio para que las personas trabajen hacia el bien común.

A veces, al hablar sobre el tema del gobierno y el medio ambiente, utilizo un experimento mental. La mayoría de las comunidades utilizan el suministro de agua de un río y vierten los desechos tratados, de vuelta al agua, para que fluyan río abajo. A menudo hay una tendencia a hacer algo apresuradamente para ahorrar tiempo o dinero y dejar el problema del tratamiento de desechos para aquellos que están río abajo. Pero imagina si requieres que la tubería de entrada de agua esté corriente abajo y la tubería de desagüe esté corriente arriba. Si necesitaras esto (y esto es solo un experimento mental), al instante garantizarías que tendrías menos problemas con la contaminación del agua. ¿Por qué? Porque ahora el interés propio de la comunidad es limpiar las aguas residuales que se bombean de nuevo al río. Entonces, si bien se necesita una acción gubernamental, podría ser menos necesario si pensamos en formas creativas para restringir el interés propio y hacer que funcione para el bien común.

Podemos reconocer que aunque existen algunas críticas económicas válidas del capitalismo, éstas pueden ser reguladas por un control gubernamental limitado. Y cuando el capitalismo se controla sabiamente, genera una importante prosperidad y libertad económica para sus ciudadanos.

Críticas Morales del Capitalismo

Uno de los argumentos morales contra el capitalismo tiene que ver con el tema de la codicia. Y es por esto que muchos Cristianos se sienten ambivalentes hacia el sistema de libre mercado. Después de todo, algunos críticos del capitalismo sostienen que este sistema económico hace que la gente sea codiciosa.

Para responder esta interrogante, necesitamos resolver la siguiente pregunta. ¿El capitalismo hace que la gente sea codiciosa o ya tenemos gente codiciosa que usa la libertad económica del sistema capitalista para lograr sus fines? A la luz de la descripción bíblica de la naturaleza humana, esta última parece más probable.

Debido a que las personas son pecaminosas y egoístas, algunas van a usar el sistema capitalista para alimentar su codicia. Pero eso no es tanto una crítica del capitalismo como una realización de la condición humana. El objetivo del capitalismo no es cambiar a las personas, sino protegernos del pecado humano.

El capitalismo es un sistema en el que las personas malas pueden hacer el menor daño, y las personas buenas tienen la libertad de hacer buenas obras. El capitalismo funciona bien si tienes individuos completamente morales. Pero también funciona adecuadamente cuando tienes personas egoístas y codiciosas.

Importante para esta discusión, es la comprensión de que hay una difencia entre el interés propio y el egoísmo. Todas las personas tienen interés propio, que pueden operar de maneras que no son egoístas. Por ejemplo, mi propio interés es conseguir un trabajo y obtener un ingreso para poder mantener a mi familia. Puedo hacer eso de maneras que no sean egoístas.

Adam Smith reconoció que cada uno de nosotros tiene un interés propio y, en lugar de tratar de cambiar eso, hizo del interés propio el motor del sistema capitalista.

En contraste, otros sistemas económicos como el socialismo ignoran las definiciones bíblicas de la naturaleza humana. Por lo tanto, permiten centralizar el poder económico, y concentran el poder en manos de unas pocas personas codiciosas. Aquellos que se quejan de la influencia que tienen las grandes corporaciones en nuestras vidas deben considerar la alternativa socialista de cómo unos pocos burócratas gubernamentales controlan cada aspecto de sus vidas.

La codicia ciertamente ocurre en el sistema capitalista. Pero no surge solo en este sistema económico. Es parte de nuestro pecado. El capitalismo puede tener sus defectos como sistema económico, pero puede ser controlado para darnos una gran prosperidad y libertad económica.

CAPÍTULO 2 Ética y Economía

¿Qué dice la Biblia acerca de la economía? Como veremos, la Biblia proporciona una base moral firme para la economía. Anteriormente hemos hablado sobre lo que la Biblia tiene que decir sobre la economía. En este artículo, discutiremos las implicaciones éticas de la economía, extrayendo muchos principios del libro Bulls, Bears & Golden Calves por John E. Stapleford.[3]

Deberíamos comenzar estableciendo que la economía tiene un aspecto moral. Esta pregunta fue importante hace unos pocos siglos, pero hoy en día la economía se enseña generalmente sin una consideración real de un componente ético.

Pablo dice: "Toda la Escritura es inspirada por Dios y útil para enseñar, para reprender, para corregir, para instruir en justicia" (2 Timoteo 3:16). Agrega que esto permitirá que el pueblo de Dios esté equipado para toda buena obra (2 Timoteo 3:17). Ciertamente, eso incluiría obras económicas.

Santiago llama a los creyentes a ser "hacedores de la palabra, y no meramente oidores" (Santiago 1:22). Este mandato se aplica a algo más que nuestra vida de iglesia y vida familiar. Esto se aplicaría a hacer buenas obras en el ámbito económico.

Hay implicaciones morales obvias para los temas que a menudo se discuten en relación con los asuntos económicos. Drogas, juegos de azar, pornografía son solo algunos ejemplos. Los Cristianos también deben aprender a ser buenos administradores del medio ambiente. Cada uno de estos temas tiene un componente económico, y por lo tanto implica que debemos aplicar la ética a la

---

[3] John Stapleford, *Bulls, Bears & Golden Calves* (Downers Grove, IL: 2002).

economía. Legalizar las drogas tiene consecuencias económicas, pero también tiene consecuencias morales.

Visión Bíblica de la Propiedad Privada

¿Qué dice la Biblia sobre la propiedad, y especialmente sobre la propiedad privada? Primero, la Biblia enseña claramente que todo en el mundo le pertenece al Señor. El Salmo 24: 1 dice: "Del Señor es la tierra y todo lo que hay en ella, el mundo y los que la habitan."

Al mismo tiempo, la Biblia también enseña que se nos da dominio sobre la creación (Gn. 1:28). Somos responsables ante Dios por nuestra administración de los recursos.

Como Dios es dueño de todo (Sal. 24: 1), nadie posee propiedades a perpetuidad. Pero la Biblia otorga derechos de propiedad privada a los individuos. Uno de los Diez Mandamientos prohíbe el robo, aprobando así los derechos de propiedad privada. El libro de Exodo establece los derechos de los dueños de propiedades y las responsabilidades de quienes violan esos derechos.[4] La restitución financiera (Ex. 22) se debe hacer a los propietarios en caso de robo o negligencia. Se permite la fuerza física para proteger la propiedad (Ex. 22: 2). Los animales perdidos deben ser devueltos, incluso cuando pertenecen a un enemigo (Ex. 23: 4). Quitar los puntos de referencia que protegen la propiedad está claramente prohibido (Deut. 19:14; 27:17; Job 24: 2; Prov. 22:28; Hos 5:10).

Algunos Cristianos han sugerido que el Nuevo Testamento rechaza la idea de propiedad privada porque el libro de Hechos enseña que los primeros Cristianos tenían la propiedad en común. Pero esta participación

---

4 Ibid., 63.

comunitaria en el Nuevo Testamento fue voluntaria. Hechos 2: 44-47 dice: "Todos los que habían creído estaban juntos y tenían todas las cosas en común; vendían todas sus propiedades y sus bienes y los compartían con todos, según la necesidad de cada uno. Día tras día continuaban unánimes en el templo y partiendo el pan en los hogares, comían juntos con alegría y sencillez de corazón, alabando a Dios y hallando favor con todo el pueblo. Y el Señor añadía cada día al número de ellos los que iban siendo salvos."

Los primeros Cristianos no rechazaron la idea de propiedad privada. Ten en cuenta que aún conservaban los derechos de propiedad privada hasta que renunciaron voluntariamente a esos derechos para ayudar a otros creyentes en Jerusalén. Esta fue una guía específica del Espíritu Santo para satisfacer las crecientes necesidades de la iglesia del Nuevo Testamento.

Podemos ver que retuvieron los derechos de propiedad en las acciones de Ananías y Safira. Su pecado no era que mantuvieran el control de algunos de sus bienes, sino que mintieron al respecto. Hechos 5: 4: "Mientras estaba sin venderse, ¿no te pertenecía? Y después de vendida, ¿no estaba bajo tu poder? ¿Por qué concebiste este asunto en tu corazón? No has mentido a los hombres sino a Dios."

También, nota que Pablo llamó a la caridad voluntaria a los creyentes en Jerusalén. Pidió a los Cristianos del Nuevo Testamento que contribuyeran a las necesidades de los miembros de la iglesia. 2 Corintios 8: 13-15 dice: "Esto no es para holgura de otros y para aflicción vuestra, sino para que haya igualdad; en el momento actual vuestra abundancia suple la necesidad de ellos, para que también la abundancia de ellos supla vuestra necesidad, de modo que haya igualdad. Como está escrito: El que recogió mucho, no tuvo demasiado; y el que recogió poco, no tuvo escasez."

Visión Bíblica del Trabajo

¿Cuál es el lugar del trabajo en la actividad económica? Primero, vemos que Dios puso a Adán y Eva en el Jardín del Edén para trabajar. Dios les ordenó que lo trabajaran y cuidaran (Gen. 2: 15-17). Se les dio un mandato explícito para ejercer la administración sobre la creación.

Sin embargo, cuando el pecado entró en el mundo, la maldición de Dios trajo esfuerzo, sudor y lucha para trabajar (Gn. 3: 17-19). Pero aún mantenemos la responsabilidad de trabajar la tierra y cultivarla. Dios también nos da el privilegio de disfrutar la tierra y obtener ganancias y beneficios de lo que pueda producir (Gen. 9: 1-3).

Segundo, somos creados a la imagen de Dios (Gén. 1:27), por lo que podemos encontrar trabajo gratificante y empoderante. Al mismo tiempo, también debemos ser responsables por el trabajo que hacemos o dejamos de hacer. Pablo dice: "El que no quiera trabajar, que tampoco coma" (2 Tes. 3:10, NVI).

En tercer lugar, también hay una satisfacción en el trabajo. No solo satisface una necesidad humana básica, sino que también es un privilegio provisto por la mano de Dios. Eclesiastés 2:24 dice: "Nada hay mejor para el hombre que comer y beber y decirse que su trabajo es bueno. Esto también yo he visto que es de la mano de Dios."

Cuarto, debemos trabajar para el Señor. Pablo exhorta a los creyentes a "Y todo lo que hagáis, hacedlo de corazón, como para el Señor y no para los hombres" (Col. 3:23). También dice: "Pues considerad, hermanos, vuestro llamamiento; no hubo muchos sabios conforme a la carne, ni muchos poderosos, ni muchos nobles; sino que Dios ha escogido lo necio del mundo, para avergonzar a los sabios; y Dios ha escogido lo débil del mundo, para avergonzar a lo que es fuerte; y lo vil y despreciado del mundo ha escogido Dios; lo que no es, para anular lo que es; para que nadie se jacte delante de Dios. Mas por obra suya estáis vosotros en Cristo Jesús, el cual se hizo para nosotros sabiduría de Dios, y justificación, y santificación, y redención, para que, tal como está escrito: El que se gloria, que se glorie en el Señor" (1 Cor. 1: 26-31).

También aprendemos de las Escrituras que sin la participación de Dios en nuestro trabajo, el trabajo humano es inútil. El Salmo 127: 1 dice: "Si el Señor no edifica la casa, en vano trabajan los que la edificant." Las bendiciones de Dios vienen a nosotros a través de nuestras labores.

Finalmente, con el trabajo también debe haber descanso. La ley del Sabbath (Ex. 20: 8-11) y las otras disposiciones del Antiguo Testamento para fiestas y descanso demuestran la importancia de descansar. En el Nuevo Testamento también vemos que Jesús estableció un patrón para el descanso (Marcos 6: 45-47; Lucas 6:12) en su ministerio. Los creyentes deben trabajar para el Señor y su Reino, pero también deben evitar ser adictos al trabajo y tomarse un tiempo para descansar.

Visión Bíblica de Gobierno

¿Cuál es el papel del gobierno en el ámbito económico? Primero, a los Cristianos se les ordena obedecer al gobierno (Romanos 13: 1) y someterse a la autoridad civil (1 Pedro 2: 13–17). Estamos llamados a prestar servicio y obediencia al gobierno (Mateo 22:21). Sin embargo, no debemos presentar una sumisión total. Puede haber un momento en que los Cristianos pueden ser llamados a desobedecer a los líderes del gobierno que se oponen a la ley divina (Romanos 13: 1-5; Juan 19:11). Debemos obedecer a las autoridades civiles (Rom.13: 5) para evitar la anarquía y el caos, pero puede haber ocasiones en que nos veamos obligados a obedecer a Dios antes que a los hombres (Hechos 5:29).

Segundo, entendemos que debido a la caída (Gén. 3), todos tienen una naturaleza pecaminosa (Rom. 3:23). El gobierno debe, por lo tanto, administrar justicia en el ámbito político y económico. También debe protegernos contra la agresión, así como proporcionar trabajos públicos (1 Reyes 10: 9).

La realidad de la naturaleza pecaminosa dicta que no permitamos una concentración política de poder. El poder gubernamental debe limitarse a los controles y balances apropiados. El gobierno tampoco debe usarse de manera coercitiva para intentar cambiar a los individuos. No debemos aceptar la idea de que el estado puede transformar a las personas desde el exterior. Solo el evangelio puede cambiar a las personas desde adentro y hacer que se conviertan en nuevas criaturas (2 Corintios 5:17).

En su libro *Bulls, Bears & Golden Calves*, John E. Stapleford establece muchas funciones de gobierno en el ámbito económico. El gobierno debe garantizar la justicia de las siguientes maneras:

• "No cometan injusticias falseando las medidas de longitud, de peso y de capacidad, usen balanzas, pesas y medidas justas. (Levítico 19: 35-36; Deuteronomio 25:15; Prov. 20:23; Lucas 6:38), la moneda no debería ser degradada por la política monetaria inflacionaria u otros medios (por ejemplo, mezclando plomo con plata)."[5]

• La justicia procesal requiere que se respeten los contratos y compromisos (Lev. 19:13).

• El gobierno también debe garantizar la justicia cuando las personas son engañadas o estafadas. En estos

---

[5] Ibid., 83.

casos, el costo de la restauración debe ser asumido por la parte culpable o negligente (Ex. 21: 33-36; 22: 5-8, 10-15). El gobierno también debe tratar con aquellos que dan una acusación falsa (Deut. 19: 16-19).

- El gobierno también debe prevenir la discriminación económica. Esto se aplicaría a los de diferente clase económica (Santiago 2: 1-4), así como a los de diferente sexo, raza y religión (Gálatas 3: 26-29). El gobierno puede ejercer una gran influencia en la economía y, por lo tanto, debe usar su poder regulador para protegerse contra la discriminación.

- Dicho esto, la función principal del gobierno es establecer las reglas y proporcionar un medio de reparación. Se debe permitir que el libre mercado funcione con el gobierno proporcionando límites y protecciones económicas necesarias. Una vez hecho esto en el sistema de libre empresa, los individuos son libres de usar sus opciones económicas en un mercado libre.

Conclusión

¿Cuál es la conexión entre la economía y la ética? El hecho de que incluso nos referimos a estos como temas separados es una indicación de los tiempos en que vivimos. En el pasado, la ética y la economía estaban interconectadas.

Tomás de Aquino, en su *Suma Teológica*, abordó los problemas económicos de una manera moral y teológica. No solo preguntaba sobre precios y mercados, sino que también formuló la pregunta fundamental: ¿Qué es un precio justo?

Los *Institutos John Calvin de la Religión Cristiana* también dedicaron secciones enteras al gobierno y la economía. Estos eran temas que él creía que los teólogos Cristianos debían abordar.

Hoy en día, si se discuten las cuestiones morales sobre la economía, se podrían discutir en una clase sobre teoría económica. Si bien podemos esperar que tales discusiones surjan en un seminario, generalmente esas clases se enfocan en preguntas teológicas en lugar de preguntas económicas que merecen una reflexión moral.

Hemos demostrado que los asuntos económicos a menudo tienen un componente moral. No se puede hablar solo de las consecuencias económicas de legalizar las drogas, promover la pornografía o el juego de azar sin considerar las consecuencias morales.

También hemos visto que la Biblia tiene mucho que decir sobre el trabajo. Debido a la creación y la caída, los seres humanos tienen el derecho y la obligación de trabajar.

Encontramos que la Biblia también nos advierte de las consecuencias de la ociosidad. Proverbios 24: 30-34 dice: "Pasé por el campo del perezoso, por la viña del falto de juicio. Había espinas por todas partes; la hierba cubría el terreno, y el lindero de piedras estaba en ruinas. Guardé en mi corazón lo observado, y de lo visto saqué una lección: Un corto sueño, una breve siesta, un pequeño descanso, cruzado de brazos... ¡y te asaltará la pobreza como un bandido, y la escasez, como un hombre armado!"

Se supone que las personas trabajan y deben hacerse responsable por el trabajo que hacen o dejan de hacer. Pablo dice: "El que no quiera trabajar, que tampoco coma" (2 Tes. 3:10, NVI).

La Biblia también enseña que Dios ha dotado a los individuos con diferentes dones y talentos (1 Cor. 12, Rom. 12). Incluso dentro del cuerpo de Cristo, hay diferentes miembros aunque todos somos un solo cuerpo en Cristo.

Cuando estas diferencias en dones y habilidades se expresan dentro de un mercado libre, su valor respectivo en términos de oferta y demanda significa que recibirán una remuneración diferente (1 Tim. 5:18). Así que no es sorprendente que haya distinciones económicas entre individuos. Proverbios 22: 2 dice: "El rico y el pobre tienen esto en común: a ambos los ha creado el Señor."

La ética y la economía están relacionadas, y los Cristianos serían sabios al comenzar a explorar las implicaciones morales del comportamiento económico y el impacto que tiene en ellos y en la sociedad.

SECCIÓN 2 Sistemas Económicos

CAPÍTULO 3 Capitalismo y Socialismo

Los estadounidenses tradicionalmente han apoyado al capitalismo sobre el socialismo, pero hay evidencia creciente que esto podría estar cambiando. Algunas encuestas muestran que solo una mera mayoría de los estadounidenses dicen que el capitalismo es mejor que el socialismo. Puede que Estados Unidos no esté listo para rechazar el capitalismo por el socialismo, pero esta encuesta muestra menos entusiasmo que en el pasado.

La edad es un componente significativo. Si observas a los adultos menores de treinta años en las encuestas, encontrarás que están esencialmente divididos en partes iguales. Más de un tercio de los jóvenes (treinta y siete por ciento) prefieren el capitalismo, otro tercio (treinta y tres por ciento) abraza al socialismo, y el resto (treinta por ciento) está indeciso.

¿Qué vamos a hacer con esto? Primero, los términos capitalismo y socialismo usualmente no están definidos en estas encuestas. Sospecho que si los encuestadores explicaran los diversos principios del socialismo, los porcentajes cambiarían. Definir el capitalismo también sería importante ya que muchos no lo asocian necesariamente con un mercado libre, sino que podrían tener visiones de un capitalista malvado y codicioso. Después de todo, así es como muchos empresarios son representados en los medios de comunicación.

¿Cómo debemos definir el capitalismo y el socialismo? Aquí hay algunas definiciones breves de estos dos sistemas económicos. El capitalismo es un sistema económico en el que existe la propiedad privada, y los medios de producción son de propiedad privada. En el capitalismo, el gobierno tiene un rol limitado. El socialismo es un sistema económico en el que existe una propiedad pública o estatal de los medios de producción, y el enfoque principal es proporcionar una igualdad de resultados. En el socialismo, el estado es de suma importancia y está involucrado en la planificación central.

Otra pregunta que surge de estas encuestas involucra a los menores de treinta años. Probablemente sean los menos propensos a asociar el socialismo con la represión al estilo soviético. En su lugar, pueden tener en sus mentes el impulso del gobierno actual hacia el socialismo europeo y encontrar eso más atractivo. Además, es menos probable que tengan "skin in the game" (incurrir en un riesgo financiero o monetario). Cuando a los inversionistas se le hace esta misma pregunta sobre el capitalismo y el socialismo, ellos favorecen al capitalismo por un margen de cinco a uno.

La afiliación política es otro determinante del apoyo al capitalismo. Los republicanos favorecen el capitalismo sobre el socialismo por un margen de once a uno. Por el contrario, los demócratas están más estrechamente divididos. Apenas favorecen al capitalismo (treinta y nueve por ciento) sobre el socialismo (treinta por ciento).

La Guerra Sobre el Capitalismo

Como se mencionó, muchas encuestas muestran que una leve mayoría de los estadounidenses dicen que el capitalismo es mejor que el socialismo. Esto no es un fuerte respaldo a la economía del libre mercado.

Podríamos preguntarnos si los porcentajes de apoyo para estos sistemas económicos podrían cambiar si se usaran palabras diferentes. Una encuesta realizada en el 2007 llegó a una conclusión distinta. El Pew Research Center preguntó a las personas si estaban en mejores condiciones "en una economía de mercado libre a pesar de que puede haber altibajos severos de vez en cuando". En ese caso, el setenta por ciento estuvo de acuerdo, frente al veinte por ciento que no estuvo de acuerdo.[6] Esto podría sugerir que a los estadounidenses les gustan los términos como "mercado libre" más que "capitalismo".

Estas encuestas ilustran que estamos en medio de un conflicto cultural sobre el capitalismo. Esa es la conclusión de Arthur Brooks. Su artículo (de opinión) en *The Wall Street Journal* sostiene que "La Verdadera Guerra Cultural es Sobre el Capitalismo."[7] Él notó que el plan de impuestos del Presidente Obama aumentaría el porcentaje de adultos estadounidenses que no pagan impuestos federales sobre la renta, de un cuarenta por ciento a un cuarenta y nueve por ciento (y otro once por ciento pagará menos del cinco por ciento de sus ingresos en impuestos). Esto tiene el potencial de cambiar la perspectiva sobre los impuestos, ya que la mitad de los Estados Unidos no pagará impuestos.

Brookes dice: "Para dar un giro moderno al viejo axioma, un hombre que no es socialista a los 20 años no tiene corazón; un hombre que todavía es socialista a los 40 años no tiene cabeza o no paga impuestos. Los socialdemócratas están trabajando para crear una sociedad en la que la mayoría sean receptores netos de la 'economía compartida'. Están luchando una guerra cultural de desgaste con herramientas económicas."[8]

Estas diversas encuestas, así como el debate actual sobre el papel del gobierno en la economía, ilustran por qué necesitamos educar a los adultos y jóvenes sobre la economía y el libre mercado. ¿Cómo podemos usar los principios bíblicos para evaluar sistemas económicos como el capitalismo y el socialismo? La Biblia no respalda un

---

[6] "World Publics Welcome Global Trade — But Not Immigration," Pew Research Center, 4 October 2007.

[7] Arthur Brooks, "The Real Culture War is Over Capitalism," The Wall Street Journal, 30 April 2009.

[8] Ibid.

sistema en particular, pero tiene principios clave sobre la naturaleza humana, los derechos de propiedad privada y el papel del gobierno. Estos pueden ser utilizados para evaluar los sistemas económicos.

La Biblia nos advierte sobre los efectos del comportamiento pecaminoso en el mundo. Por lo tanto, debemos preocuparnos por cualquier sistema que concentre el poder económico y, por lo tanto, desate los estragos del comportamiento pecaminoso en la sociedad. Debemos rechazar el socialismo y las economías controladas por el estado que concentrarían el poder en manos de unos pocos individuos pecaminosos.

Críticas Económicas

Las personas a menudo rechazan la idea del capitalismo porque creen en una de las críticas económicas al capitalismo. Aquí están dos de estas críticas.

La primera crítica económica es que el capitalismo conduce a los monopolios. Estos se desarrollan por dos razones: muy poco gobierno y demasiado gobierno. Los monopolios han ocurrido en el pasado porque el gobierno no ha estado dispuesto a ejercer su autoridad dada por Dios. El gobierno finalmente intervino y rompió los grandes fideicomisos que no permitían que el sistema de libre mercado funcionara correctamente.

Pero en las últimas décadas, la razón de los monopolios ha sido a menudo demasiado gobierno. Muchos de los monopolios más grandes hoy en día son monopolios autorizados o patrocinados por el gobierno que impiden que se produzca una verdadera competencia. La solución es que el gobierno permita un mercado más libre donde pueda haber competencia.

Permítame agregar que muchas personas suelen llamar a los mercados con competencia limitada "monopolios" cuando el término no es apropiado. Por ejemplo, las principales compañías de automóviles pueden parecer monopolios u oligopolios hasta que te das cuenta de que, en el mercado de bienes de consumo duraderos, el verdadero mercado es el mundo occidental entero.

La segunda crítica al capitalismo es que conduce a la contaminación. En un sistema capitalista, los contaminantes son considerados externalidades. El productor incurrirá en costos externos a la empresa, por lo que a menudo no hay incentivo para limpiar la contaminación. En su lugar, se descarga en áreas comunes, como el aire o el agua.

La solución, en este caso, es la regulación gubernamental. Sin embargo, esto no tiene por qué ser una justificación para construir una burocracia masiva. Necesitamos encontrar formas creativas de dirigir el interés propio para que las personas trabajen hacia el bien común.

A veces, al hablar sobre el tema del gobierno y el medio ambiente, utilizo un experimento mental. La mayoría de las comunidades utilizan el suministro de agua de un río y vierten los desechos tratados, de vuelta al agua, para que fluyan río abajo. A menudo hay una tendencia a hacer algo apresuradamente para ahorrar tiempo o dinero y dejar el problema del tratamiento de desechos para aquellos que están río abajo. Pero imagínate si requieres que la tubería de entrada de agua esté corriente abajo y la tubería de desagüe esté corriente arriba. Si necesitaras esto (y esto es solo un experimento mental), al instante garantizarías que tendrías menos problemas con la contaminación del agua. ¿Por qué? Ahora el interés propio de la comunidad es limpiar las aguas residuales que se bombean de nuevo al río.

Podemos reconocer que aunque existen algunas críticas económicas válidas del capitalismo, éstas pueden ser reguladas por un control gubernamental limitado. Y cuando el capitalismo se controla sabiamente, genera una importante prosperidad económica y libertad económica para sus ciudadanos.

Crítica Moral

Otra razón por la que las personas a menudo rechazan la idea del capitalismo es porque creen que es inmoral. Uno de los argumentos morales contra el capitalismo tiene que ver con el tema de la codicia. Y es por esto que muchos Cristianos se sienten ambivalentes hacia el sistema de libre empresa. Después de todo, algunos críticos del capitalismo sostienen que este sistema económico hace que la gente sea codiciosa.

Para responder a esta incógnita, necesitamos resolver la siguiente pregunta: ¿El capitalismo hace que la gente sea codiciosa o ya tenemos gente codiciosa que usa la libertad económica del sistema capitalista para lograr sus fines? A la luz de la descripción bíblica de la naturaleza humana, esta última parece más probable.

Debido a que las personas son pecaminosas y egoístas, algunas van a usar el sistema capitalista para alimentar su codicia. Pero eso no es tanto una crítica del capitalismo como un reconocimiento de la condición humana. El objetivo del capitalismo no es cambiar a las personas, sino protegernos del pecado humano.

El capitalismo es un sistema en el que las personas malas pueden hacer el menor daño, y las personas buenas tienen la libertad de hacer buenas obras. El capitalismo funciona bien si tienes individuos completamente morales. Pero también funciona adecuadamente cuando tienes personas egoístas y codiciosas.

Para esta discusión, es importante darse cuenta de que existe una diferencia entre el interés propio y el egoísmo. Todas las personas tienen intereses propios que pueden operar a través de métodos que no son egoístas. Por ejemplo, mi propio interés es conseguir un trabajo y obtener un ingreso para poder mantener a mi familia. Puedo hacer eso de maneras que no sean egoístas.

El capitalismo se fundó en la observación de que todos nosotros tenemos un interés propio. En lugar de intentar cambiar eso, los economistas vieron que el interés propio podría ser el motor del sistema capitalista.

En contraste, otros sistemas económicos como el socialismo ignoran las definiciones bíblicas de la naturaleza humana. Por lo tanto, permiten centralizar el poder económico, y concentran el poder en manos de unas pocas personas codiciosas. Aquellos que se quejan de la influencia que tienen las grandes corporaciones en nuestras vidas deben considerar la alternativa socialista de cómo unos pocos burócratas gubernamentales controlan cada aspecto de sus vidas.

La codicia ciertamente ocurre en el sistema capitalista. Pero no surge solo en este sistema económico. Es parte de nuestro pecado. El capitalismo puede tener sus defectos como sistema económico, pero puede ser controlado para darnos una gran prosperidad y libertad económica.

El Mito de la Suma-Cero

Hay un mito que a menudo se encuentra en la base misma de muchas de las críticas al capitalismo. Podemos llamarlo el mito de la suma-cero. Por suma-cero, quiero decir que una persona gana, y otra persona pierde. La mayoría de los juegos competitivos son juegos de suma cero. Un equipo o persona gana; el otro pierde.

En la mayoría de los casos, el mercado libre puede ser un escenario de ganar-ganar en lugar de un escenario de ganar-perder. En su libro, *Money, Greed, and God*, Jay

35

Richards usa un ejemplo divertido de su infancia para ilustrar este punto.[9]

En el sexto grado, su maestra los hizo jugar el "juego de intercambio." Ella repartió pequeños regalos a todos los estudiantes: un paquete de diez, de chicle Doublemint, una tabla de surf con una pelota de goma, un marco de fotos de Bugs Bunny, un huevo de Silly Putty, un set de tarjetas coleccionables de Barbie, etc.

Luego pidió a los estudiantes que calificaran cuánto les gustó su regalo en una escala del uno al diez. Luego compiló el resultado y lo puso en el pizarrón. Entonces dividió la clase en cinco grupos de cinco estudiantes y les dijo que podían intercambiar sus regalos con cualquiera del grupo. Jay intercambió el set de tarjetas de Barbie que tenía, con una chica de su grupo que tenía la tabla de surf.

Luego la maestra les pidió que calificaran cuánto les gustaban sus regalos. Y ella puso ese número en la pizarra. La puntuación total subió.

Luego les dijo a los estudiantes que podían volver a intercambiar sus regalos con cualquiera en la sala. Ahora tenían veinticuatro posibles socios comerciales en lugar de solo los cuatro de su grupo. El comercio realmente comenzó a despegar. Una vez más, la maestra les pidió que calificaran sus regalos. Cuando puso el número en la pizarra, el puntaje total volvió a subir.

Casi todos terminaron con un juguete que le gustaba más que cuando comenzó el intercambio. De hecho, las únicas calificaciones individuales que no aumentaron fueron las de estudiantes a quienes realmente les gustó el regalo que recibieron inicialmente de la maestra.

Los estudiantes, ese día, aprendieron algunas lecciones valiosas sobre una economía libre. Cuando las

---

[9] Jay Richards, Money, Greed, and God (NY: Harper One, 2009), 60-61.

personas tienen libertad para comerciar, pueden agregar valor al artículo comercializado aunque permanezca físicamente sin cambios. Y vieron la ventaja de tener más socios comerciales (en este caso, veinticuatro en lugar de cuatro). Más que nada, aprendieron que el libre comercio podría ser una propuesta de ganar-ganar.

Ciertamente podemos admitir que a veces el capitalismo no es una propuesta de ganar-ganar. Cuando hay recursos limitados y un individuo o corporación es capáz de manipular el sistema político a su favor, es una victoria para el manipulador pero una pérdida para los estadounidenses que no tuvieron ese acceso político. Sin embargo, eso no es una falla en el capitalismo, sino el resultado cuando un gobierno es corrupto o está corrompido por quienes manipulan el sistema.

CAPÍTULO 4 Hayek y Camino de Servidumbre

Hace unos años, si dijeras el nombre Friedrich Hayek a una persona promedio en la sociedad, no sabrían quién es. Podrían adivinar erróneamente que él era el padre de la actriz Salma Hayek. Su nombre era desconocido para los no economistas.

Hoy tiene mucha más visibilidad. La gente está leyendo su libro clásico, *Camino de Servidumbre*, tal vez para dar sentido a nuestro clima económico problemático y las políticas de la administración actual. Cuando el presentador de televisión Glenn Beck habló sobre Hayek y *Camino de Servidumbre*, el libro llegó al número uno en Amazon y se mantuvo entre los top ten por algún tiempo. Un video de rap con versiones de Hayek y John Maynard Keynes ha sido visto más de un millón de veces en YouTube.

¿Por qué tanto interés en un economista nacido en Viena, ganador del Premio Nobel, que pasó de escena hace algún tiempo? La gente está echando un segundo vistazo a Hayek debido a nuestros problemas económicos actuales. Russ Roberts, en su artículo, "¿Por qué Friedrich Hayek está resurgiendo?,"[10] dice que la gente está reconsiderando cuatro ideas defendidas por Hayek.

Primero, Hayek y sus colegas economistas de la Escuela Austriaca, como Ludwig Von Mises, argumentaron que la economía es mucho más compleja que los simples principios económicos establecidos por Keynes. Aumentar la demanda agregada mediante la financiación de ciertos sectores con un paquete de estímulo de la economía no

---

[10] Russ Roberts, "Why Friedrich Hayek is Making a Comeback," Wall Street Journal, 28 June 2010.

necesariamente ayudará a algún otro sector de la economía.

Segundo, Hayek destacó el papel de la Reserva Federal en el ciclo comercial. Las tasas de interés artificialmente bajas establecidas por la Reserva Federal desempeñaron un papel crucial en la inflación de la burbuja inmobiliaria. Nuestra política monetaria actual parece estar simplemente posponiendo los ajustes económicos que deben llevarse a cabo para curar el mercado de la vivienda.

En tercer lugar, Hayek argumentó en su libro que la libertad política y la libertad económica están conectadas y entrelazadas. El gobierno en una economía controlada centralmente, controla más que solo salarios y precios. Inevitablemente infringe lo que hacemos y dónde vivimos.

Incluso cuando el gobierno intenta dirigir la economía en nombre del "bien público", el aumento del poder del estado corrompe a los que ejercen ese poder. "Hayek señaló que las burocracias poderosas no atraen a los ángeles, atraen a personas que disfrutan manejando las vidas de otros. Tienden a cuidar a sus amigos antes que a los demás."[11]

Finalmente Hayek dice que el orden puede surgir no solo de arriba hacia abajo sino también de abajo hacia arriba. En este momento, los ciudadanos en muchas de las democracias modernas están sufriendo de una fatiga de arriba hacia abajo. Un mercado libre no solo genera orden, sino también la libertad de trabajar y comerciar con otros. Lo opuesto al colectivismo de arriba hacia abajo no es el egoísmo sino la cooperación.

Aunque *Camino de Servidumbre* se escribió al final de la Segunda Guerra Mundial para advertir a Inglaterra que

---

[11] Ibid.

podría caer en el mismo destino que Alemania, su advertencia a cada generación es atemporal.

CAPÍTULO 5 Conceptos Erróneos Sobre Camino de Servidumbre

Hayek escribió su clásico libro *Camino de Servidumbre*.[12] Hace más de sesenta años, sin embargo, la gente todavía lo lee hoy. A medida que lo leen y aplican sus principios, muchos otros lo entienden mal. Echemos un vistazo a algunos de los conceptos erróneos prevalentes.

Debido a que Hayek fue un economista ganador del Premio Nobel, la gente cree erróneamente que *Camino de Servidumbre* no es más que un libro sobre economía. Es mucho más. Se trata del impacto que una sociedad socialista de planificación centralizada puede tener en los individuos. Hayek dice que uno de los puntos principales de su libro es que "el cambio más importante que produce el extenso control gubernamental es un cambio psicológico, una alteración en el carácter de la gente ... Un proceso que no se extiende por unos pocos años sino quizás por una o dos generaciones."[13]

Se cambia el carácter de los ciudadanos porque han cedido su voluntad y la toma de decisiones a un gobierno totalitario. Es posible que lo hayan hecho voluntariamente para tener un estado de bienestar. O pueden haberse visto obligados a hacerlo porque un dictador ha tomado el control de las riendas del poder. De cualquier manera, argumenta Hayek, su carácter ha sido alterado porque el control sobre cada detalle de la vida económica es, en última instancia, el control de la vida misma.

Más adelante en su libro, Hayek aborda la naturaleza insidiosa de un despotismo suave. Cita la predicción de

---

[12] F.A. Hayek, The Road to Serfdom: Text and Documents, the Definitive Edition, ed. Bruce Caldwell (Chicago: University of Chicago Press, 2007).

[13] Ibid., 48.

Alexis de Tocqueville en *Democracia en América*, sobre el "nuevo tipo de servidumbre" cuando, después de haber tomado sucesivamente a cada miembro de la comunidad en su poderoso agarre, y formarlo a su voluntad, el poder supremo extiende su brazo sobre toda la comunidad. Cubre la superficie de la sociedad con una red de reglas pequeñas, complicadas, insignificantes y uniformes, a través de las cuales las mentes más originales y los personajes más enérgicos no pueden penetrar para elevarse por encima de la multitud. La voluntad del hombre no se rompe sino que es ablandada, doblegada y guiada; los hombres rara vez se ven obligados a actuar, pero se les impide constantemente actuar. Tal poder no destruye, pero restringe la existencia, y deja estupefactos a un pueblo, hasta que cada nación se reduce a ser nada más que un rebaño de animales tímidos e industriosos, de los cuales el gobierno es el pastor.[14]

Tocqueville advirtió que la búsqueda de una mayor igualdad suele ir acompañada de una mayor centralización del gobierno con la correspondiente pérdida de libertad. El Capítulo fue titulado de manera perspicaz, "Qué Tipo de Despotismo Tienen que Temer las Naciones Democráticas".

Tocqueville también describió el contraste entre democracia y socialismo:

La democracia extiende la esfera de la libertad individual; el socialismo lo restringe. La democracia otorga todo valor posible a cada hombre; el socialismo hace de cada hombre un mero agente, un mero número. Democracia y socialismo no tienen nada en común sino una palabra: igualdad. Pero note la diferencia: mientras que la democracia busca la igualdad en la libertad, el

---

[14] Ibid., 49.

42

socialismo busca la igualdad en la restricción y la servidumbre.[15]

Hayek creía que los ciudadanos individuales deberían desarrollar sus propias habilidades y perseguir sus propios sueños. Argumentó que el gobierno debe ser un *medio*, un mero *instrumento*, "para ayudar a las personas en su desarrollo más completo de su personalidad individual."[16]

Algunos creen que Hayek argumentaba que el camino hacia el socialismo era inevitable. En realidad, estaba escribiendo para predecir un posible futuro para Inglaterra basado en la experiencia anterior en Alemania. Hayek reconoció que "aunque la historia nunca se repite del todo, y ninguna forma de gobierno es inevitable, podemos en cierta medida, aprender del pasado para evitar una repetición del mismo proceso." No argumentó que el socialismo fuera inevitable. De hecho, argumentó todo lo contrario. "Tampoco estoy argumentando que [el socialismo] sea inevitable. Si lo fuera, no tendría sentido escribir esto."[17]

Otra idea falsa sobre Hayek es que estaba defendiendo el libertarismo radical. Algunas de las citas anteriores ilustran que él entendió que el gobierno podía y debía intervenir en las circunstancias. Explica que su libro no trata sobre si el gobierno debe o no actuar en todas las circunstancias.

Lo que pedía era un gobierno de alcance y poder limitado. Por un lado, rechazó la anarquía libertaria. Por otra parte, dedicó el libro a las razones por las que deberíamos rechazar una sociedad ampliamente difundida y centralizada, defendida por los socialistas de su época. Identificó la posición para el rol del gobierno.

---

[15] Ibid., 77.
[16] Ibid., 115.
[17] Ibid., 59.

Sin embargo, el gobierno debe centrar su atención en establecer las reglas básicas para la competencia en lugar de dedicar tiempo y energía a elegir ganadores y perdedores en el mercado. Y Hayek entendió que el gobierno no puede conocer las necesidades individuales y colectivas de la sociedad. Por lo tanto, Hayek argumenta que el "estado debe limitarse a establecer reglas aplicables a situaciones general y debe permitir a los individuos la libertad en todo lo que dependa a las circunstancias de tiempo y lugar, ya que solo las personas involucradas en cada caso pueden conocer estas eventualidades completamente y adaptar sus acciones a ellas."[18]

Un gobierno sabio y prudente debe reconocer que existen limitaciones fundamentales en el conocimiento humano. Un gobierno que reconoce sus limitaciones es menos probable que intervenga en todos los niveles e implemente un control, de arriba hacia abajo, de la economía.

Un último error tiene que ver con ayudar a quienes sufren la desgracia. Es cierto que él rechazó la idea de una economía de arriba hacia abajo, controlada centralmente y un estado de bienestar socialista. Pero eso no excluía el concepto de algún tipo de red de seguridad social.

En su capítulo sobre "Seguridad y libertad", dice, "no cabe duda de que se puede asegurar a todos un mínimo de comida, refugio y ropa, suficiente para preservar la salud y la capacidad de trabajar."[19] Señala que esto se ha logrado en Inglaterra (y podríamos agregar en la mayoría de las otras democracias modernas).

Continuó argumentando que el gobierno debería brindar asistencia a las víctimas de los llamados "actos de Dios" (como terremotos e inundaciones). Aunque podría estar en desacuerdo con la medida en que los gobiernos

---

[18] Ibid., 59.
[19] Ibid., 148.

de hoy brindan asistencia continua durante años; Hayek ciertamente creía que había un lugar para brindar ayuda a los afectados por la desgracia.

Pavimentado Con Buenas Intenciones

Friedrich Hayek escribió *Camino de Servidumbre* para advertirnos que a veces el camino puede ser pavimentado con buenas intenciones. La mayoría de los funcionarios gubernamentales y burócratas escriben leyes, reglas y regulaciones con toda buena intención. Desean hacer del mundo un lugar mejor mediante la prevención de catástrofes y alentando acciones positivas de sus ciudadanos. Pero en su deseo de controlar y dirigir todos los aspectos de la vida, nos llevan por el camino de la servidumbre.

Hayek dice que el problema proviene de una "pasión por el control consciente de todo." Las personas que ingresan en el gobierno y manejan poderosas burocracias son a menudo personas que disfrutan no solo manejar la burocracia sino también la vida de sus ciudadanos. Al hacer reglas uniformes a distancia, privan a las comunidades locales de la libertad de aplicar su propio conocimiento y sabiduría a sus situaciones únicas.

El gobierno socialista busca ser un dios benevolente pero, por lo general, se transforma lentamente en un tirano malévolo. La microgestión de los detalles de la vida lleva a lo que Hayek llama "imprudencia." La mayoría de nosotros diríamos que tales reglas son intrusivas, ineficientes y, a menudo, completamente estúpidas. Pero el burócrata gubernamental puede creer que tiene razón al hacer tales reglas, creyendo que la gente local es demasiado estúpida para saber qué es lo mejor para ellos. Hayek sostiene que los ciudadanos reciben mejores servicios cuando se les da la libertad de tomar las mejores decisiones para ellos y sus comunidades.

Hayek en realidad aboga por la libertad económica utilizando un argumento moral. Si el gobierno asume nuestra responsabilidad moral, ya no somos agentes morales libres. La intrusión del estado limita mi capacidad para tomar decisiones morales. "Lo que nuestra generación está en peligro de olvidar no es solo que la moral sea necesariamente un fenómeno de la conducta individual, sino también que pueden existir solo en la esfera en la que el individuo es libre de decidir por sí mismo y es llamado voluntariamente a sacrificar la ventaja personal, a la observancia de una regla moral."[20]

Esto es cierto ya sea que un individuo o un gobierno asuma la responsabilidad. En cualquier caso, ya no estamos tomando decisiones morales libres. Alguien o algo más está tomando decisiones morales por nosotros. "Responsabilidad, no para con un superior, sino para la propia conciencia, la conciencia del deber no se exige por coerción, la necesidad de decidir cuál de las cosas que uno valora debe sacrificarse por otras y asumir las consecuencias de su propia decisión, es la esencia misma de cualquier moral que merezca el nombre."[21]

Un gobierno socialista puede prometer libertad a sus ciudadanos, pero los afecta negativamente cuando los libera de tomar decisiones morales. "Un movimiento cuya promesa principal es el alivio de la responsabilidad no puede ser sino antimoral en su efecto, sin embargo, eleva los ideales a los que debe su nacimiento."[22]

Hayek también advirtió sobre el peligro de centralizar el poder en manos de unos pocos burócratas. Argumentó que "al unir en las manos de un solo cuerpo el poder, anteriormente ejercido de forma independiente por muchos, se crea una cantidad de poder infinitamente

---

[20] Ibid., 216.

[21] Ibid., 217.

[22] Ibid.

mayor que la que existía antes, mucho más de largo alcance, parece un poder completamente diferente."[23]

Incluso argumenta que una vez que centralizamos el poder en una burocracia, nos dirigimos por el camino hacia la servidumbre. "Lo que se llama poder económico, aunque puede ser un instrumento de coerción, nunca es un poder exclusivo o completo, en manos de individuos privados, nunca el poder sobre la vida de una persona. Pero centralizado como un instrumento de poder político, crea un grado de dependencia apenas distinguible de la esclavitud."[24]

Perspectiva Bíblica

¿Cómo se compara Camino de Servidumbre con los principios bíblicos? Debemos comenzar afirmando que Friedrich Hayek no era un Cristiano. No confesó la fe cristiana ni asistió a los servicios religiosos. Hayek podría ser mejor descrito como un agnóstico.

Nació en 1899 en una familia acomodada y aristocrática en Austria. Creció en un hogar nominalmente católico romano. Aparentemente, hubo un momento en que él consideraba seriamente el Cristianismo. Poco antes de que Hayek se convirtiera en un adolescente, comenzó a formular algunas de las grandes preguntas de la vida. En su adolescencia, fue influenciado por un maestro piadoso e incluso llegó a reconocer su naturaleza pecaminosa. Sin embargo, su búsqueda terminó cuando sintió que nadie podía responder satisfactoriamente a sus preguntas. Desde ese momento en adelante, parece haber dejado de lado cualquier interés en el Cristianismo e incluso expresó hostilidad hacia la religión.

---

[23] Ibid., 165.
[24] Ibid., 166.

47

Quizás la conexión más significativa entre Hayek y el Cristianismo se puede encontrar en su comprensión común de la naturaleza humana. Hayek comenzó con una simple premisa: los seres humanos son limitados en su comprensión. La Biblia diría que somos criaturas caídas que viven en un mundo caído.

A partir de esta suposición de que los seres humanos no son Dios, construyó un argumento a favor de la libertad y el gobierno limitado. Esto contrastaba con la opinión socialista prevaleciente de que los seres humanos poseían un conocimiento superior y podían ordenar sabiamente los asuntos de sus ciudadanos mediante la planificación central. Hayek rechazó la idea de que los planificadores centrales tendrían suficiente conocimiento para organizar la economía y, en cambio, demostró que el ordenamiento espontáneo de los sistemas económicos sería el mecanismo que impulsaría el progreso en la sociedad.

Hayek mantuvo esencialmente una alta y una baja visión de la naturaleza humana. O podríamos llamarlo una visión equilibrada de la naturaleza humana. Reconoció que los seres humanos tenían un lado noble influenciado por la racionalidad, la compasión e incluso el altruismo. Del mismo modo comprendió que los seres humanos también tienen una percepción limitada del mundo y están sujetos a defectos del carácter.

Tal visión concuerda con una perspectiva bíblica de la naturaleza humana. Primero, hay un aspecto noble en los seres humanos. Somos creados a imagen de Dios (Gen. 1: 27-28) y fuimos hechos un poco más pequeños que los ángeles (Salmo 8: 5). Segundo, hay un defecto en los seres humanos. La Biblia enseña que todos son pecadores (Romanos 3:23) y que el corazón del hombre es engañoso sobre todas las cosas (Jer. 17: 9).

Hayek creía que "el hombre aprende por la decepción de las expectativas." En otras palabras, aprendemos que somos limitados en nuestras capacidades. No tenemos la comprensión, que tiene Dios, del mundo y, por lo tanto, no podemos controlarlo de manera efectiva, como los socialistas creen con confianza que podemos. No somos el centro del universo. No somos dioses. Como Cristianos, podemos estar de acuerdo con el concepto de "decepción de las expectativas" porque somos caídos y vivimos en un mundo que gime en el sufrimiento (Romanos 8:22).

Aunque Hayek no era Cristiano, muchas de las ideas de *Camino de Servidumbre* se conectan con los principios bíblicos. Los Cristianos serían sabios al leerlo y aprender de él las lecciones de la historia.

CAPÍTULO 6 Riqueza y Pobreza

¿Cómo deben pensar los Cristianos sobre la riqueza y la pobreza? Tal vez usted ha escuchado a la gente decir que el dinero es malo, y esa es la razón por la cual los Cristianos deben ser pobres. En realidad, 1 Timoteo 6:10 dice que "el amor al dinero es la raíz de todo tipo de mal."

El dinero puede abastecer a su familia, alimentar a los pobres y promover el evangelio. Por supuesto, también puede usarse para comprar drogas, dedicarse a la prostitución y arruinar su vida y la de los demás. Entonces, ¿cómo deben pensar los Cristianos acerca de la riqueza?

Una Visión Bíblica de la Riqueza

Nuestra cultura materialista está seduciendo a los Cristianos a un estilo de vida económico que no glorifica a Dios. La popularidad de programas de televisión como "Estilos de vida de los ricos y famosos" y la veneración de grupos sociales como los glamorosos "yuppies" dan testimonio de los valores materialistas de nuestra sociedad, valores que muchos Cristianos han adoptado.

Incluso dentro de la comunidad Cristiana, los creyentes son bombardeados con puntos de vista antibíblicos de la riqueza. En un extremo están los que predican un evangelio de prosperidad de "salud y riqueza" para todos los creyentes. En el otro extremo están los Cristianos radicales que condenan toda riqueza e implican que un *Cristiano rico* es una contradicción, ya que para ellos no puedes ser rico y ser Cristiano al mismo tiempo.

¿Cuál es, entonces, la visión verdaderamente bíblica de la riqueza? A primera vista, la Biblia parece enseñar que la riqueza está mal para los Cristianos. Parece incluso condenar a los ricos. Después de todo, tanto Jesús como los profetas del Antiguo Testamento predicaron contra el materialismo y parecían decir a veces que los verdaderos creyentes no pueden poseer riqueza. Si esto es así, entonces todos nosotros en la sociedad occidental estamos en problemas, porque todos somos ricos según los estándares del Nuevo Testamento.

Sin embargo, una mirada exhaustiva a los pasajes bíblicos relevantes revela rápidamente que una visión bíblica de la riqueza es más compleja. De hecho, las Escrituras enseñan tres principios básicos sobre la riqueza.

Primero, la riqueza en sí misma no es condenada. Por ejemplo, leemos en Génesis 13: 2 que Abraham tenía una gran riqueza. En Job 42:10, vemos que Dios una vez más bendijo a Job con posesiones materiales. En Deuteronomio, Proverbios y Eclesiastés, la riqueza se ve como evidencia de la bendición de Dios (Deut. 8; 28; Prov. 22: 2; Ecles. 5:19).

Sin embargo, aunque la riqueza pueda ser una evidencia de la bendición de Dios, los creyentes no deben confiar en ella. Proverbios, Jeremías, 1 Timoteo y Santiago enseñan que el creyente no debe confiar en la riqueza sino en Dios (Prov. 11: 4; 11:28; Jer. 9:23; 1 Tim. 6:17; Santiago 1:11 ; 5: 2).

Segundo, cuando los ricos de la Biblia fueron condenados, fueron condenados por los medios por los cuales obtuvieron sus riquezas, no por las riquezas mismas. El profeta Amos del Antiguo Testamento se opuso a la injusticia de obtener riqueza a través de la opresión o el fraude (4:11; 5:11). Miqueas habló contra las balanzas inexactas y los pesos incorrectos (método usado para engañar a la gente) y con los que Israel defraudó a los pobres (6: 1). Ni Amos ni Miqueas condenaron la riqueza per se; sólo denunciaron los medios injustos por los que a veces se logra.

Tercero, los Cristianos deben preocuparse por el efecto que la riqueza puede tener en nuestras vidas.

Leemos en Proverbios 30: 8-9 y Oseas 13: 6 que la riqueza a menudo nos tienta a olvidarnos de Dios. Los creyentes ricos ya no pueden depender de Dios para su provisión porque ellos pueden satisfacer sus necesidades básicas. Leemos en Eclesiastés 2 y 5 que las personas que son ricas realmente no pueden disfrutar de su riqueza. Incluso los multimillonarios a menudo reflexionan sobre el hecho de que realmente no pueden gozar de la riqueza que tienen. Además, Proverbios 28:11 y Jeremías 9:23 advierten que la abundancia a menudo conduce al orgullo y la arrogancia.

Por lo tanto, la Biblia no condena a los que son ricos. Sin embargo, nos advierte que si Dios nos bendice con riqueza, debemos mantener nuestras prioridades en orden y protegernos contra los efectos seductores de la riqueza.

Una Visión Bíblica de la Pobreza

La Biblia clasifica las causas de la pobreza en cuatro categorías diferentes. La primera causa de la pobreza es la opresión y el fraude. En el Antiguo Testamento (por ejemplo, Prov. 14:31; 22: 7; 28:15) encontramos que muchas personas eran pobres porque estaban oprimidas por individuos o gobiernos. Muchas veces, los gobiernos establecieron leyes injustas o degradaron la moneda, medidas que resultaron en la explotación de los individuos.

La segunda causa de la pobreza es la desgracia, la persecución o el juicio. En el libro de Job, aprendemos que Dios le permitió a Satanás probar a Job trayendo la desgracia sobre él (1: 12-19). En otras partes del Antiguo Testamento (p. Ej., Sal. 109: 16; Isa. 47: 9; Lam. 5: 3), leemos sobre la desgracia o el juicio de Dios sobre un pueblo desobediente. Cuando Israel se apartó de las leyes de Dios, Dios permitió que naciones extranjeras los llevaran a la cautividad como un juicio por su desobediencia.

La tercera causa de la pobreza es la pereza, la negligencia o la gula. Proverbios enseña que algunas personas son pobres debido a hábitos inadecuados y apatía (10: 4; 13: 4; 19:15; 20:13; 23:21).

La causa final de la pobreza es la cultura de la pobreza. Proverbios 10:15 dice: "La ruina de los pobres es su pobreza." La pobreza engendra pobreza y el ciclo no se rompe fácilmente. Las personas que crecen en una cultura empobrecida generalmente carecen de la nutrición y la educación que les permita ser exitosos en el futuro.

Pobreza y Gobierno

Si bien el gobierno no debería tener que asumir toda la responsabilidad de cuidar a los pobres, debe tomar seriamente las afirmaciones de Levítico y Proverbios sobre la defensa de los pobres y la lucha contra la opresión. El gobierno no debe eludir su responsabilidad dada por Dios de defender a los pobres de la injusticia. Si el gobierno no lo hace, o si la opresión proviene del propio gobierno, los Cristianos deben ejercer su voz profética y denunciar el abuso gubernamental y el mal uso del poder.

El gobierno debe primero establecer leyes y estatutos que prohíban y castiguen la injusticia. Estas leyes deben tener sanciones importantes y ser rigurosamente aplicadas para que los pobres no sean explotados y defraudados. Segundo, el gobierno debe proporcionar un sistema legal que permita la reparación de agravios donde los demandantes pueden llevar su caso a los tribunales para su resolución.

Una segunda esfera para la acción gubernamental es en el área de la desgracia. Muchas personas caen en la pobreza por causas ajenas a la suya. En estos casos, el gobierno debe ayudar a distribuir los fondos. Desafortunadamente, el historial de los programas gubernamentales no es muy impresionante. Antes de la implementación de muchos de los programas de la Gran Sociedad (La Gran Sociedad fue un conjunto de programas nacionales en los Estados Unidos lanzados por el presidente demócrata Lyndon B. Johnson en 1964–65. El objetivo principal era la eliminación de la pobreza y la injusticia racial.), el porcentaje de personas que vivían por debajo del nivel de pobreza era del 13.6 por ciento. Veinte años después, el porcentaje seguía siendo del 13,6 por ciento.

Necesitamos un sistema de bienestar que haga hincapié en el trabajo y la iniciativa y no fomente la dependencia y la pereza. Una de las cosas integrales al sistema del Antiguo Testamento y que falta en nuestro sistema moderno de bienestar es un Means Test (este es un medio para determinar si una persona o familia es elegible para recibir asistencia del gobierno, según si la persona o familia posee los medios para prescindir de esa ayuda). Si las personas tienen verdaderas necesidades, debemos ayudarlas. Pero cuando son perezosos y tienen malos hábitos de trabajo, debemos advertirles que mejoren. Nuestro sistema de bienestar actual perpetúa la pobreza al no distinguir entre aquellos que tienen legítimas necesidades y aquellos que necesitan ser amonestados en su pecado.

La Pobreza y la Iglesia

La iglesia tiene el potencial de ofrecer algunas soluciones únicas a la pobreza. Sin embargo, desde la depresión de la década de 1930 y el surgimiento de los programas de la Gran Sociedad en la década de 1960, la iglesia ha tendido a renunciar a su responsabilidad hacia los pobres ante el gobierno.

En el Antiguo Testamento, había dos medios para ayudar a los pobres. La primera fue a través de las leyes del espigueo enumeradas en Levítico 19: 9-10 y Deuteronomio 24: 19-22. A medida que los agricultores cosechaban sus cultivos, dejaban los rincones de sus campos sin cosechar, y todo lo que caía al suelo se dejaba para los pobres.

El segundo método utilizado para ayudar a los pobres era el diezmo. En Levítico 27:30 encontramos que el diezmo proporcionó fondos tanto para la iglesia como para los pobres. Los sacerdotes distribuían los fondos a los que estaban realmente necesitados.

En el Nuevo Testamento, la iglesia también tuvo un rol en ayudar a satisfacer las necesidades de los pobres. En 1 Corintios 16, Pablo habla de una ofrenda que fue enviada de las iglesias a los creyentes de Jerusalén. También encontramos muchos consejos en las Escrituras que piden a los Cristianos que distribuyan sus recursos a otros con compasión (2 Cor. 9: 7; 1 Tim. 5: 9-10; 6:18; Santiago 1:27).

Estos versículos concernientes a las leyes del espigueo y el diezmo parecen indicar que tanto el gobierno como la iglesia deben involucrarse en ayudar a los pobres. Idealmente, la iglesia debería estar a la vanguardia de este esfuerzo. Desafortunadamente, la iglesia ha descuidado su responsabilidad y el gobierno ahora está más involucrado en el alivio de la pobreza.

Creo que el alivio de la pobreza debe ser un esfuerzo cooperativo entre el gobierno y la iglesia. Como señalé anteriormente, el gobierno puede brindar soluciones a la explotación y la opresión al aprobar y hacer cumplir leyes justas. También puede proporcionar soluciones a la desgracia económica a través de varios programas de gasto. Pero no puede resolver los problemas de la pobreza abordando la injusticia y la desgracia, sin ayuda. La pobreza es tanto un problema psicológico y espiritual como un problema económico, y es en este ámbito donde la iglesia puede ser más efectiva. Aunque la salvación no es la única respuesta, la iglesia está mejor equipada que el gobierno para satisfacer las necesidades psicológicas y espirituales de las personas afectadas por la pobreza. La mayoría de los programas sociales seculares no ponen mucho énfasis en estas necesidades y, por lo tanto, pierden un elemento importante en la solución de la pobreza.

Rompiendo el Ciclo de la Pobreza

Como dije antes, una de las causas de la pobreza es la cultura de la pobreza. La gente es pobre porque es pobre. Un individuo que crece en una cultura de pobreza está destinado a una vida de pobreza a menos que ocurra algo bastante dramático. La mala nutrición, la mala educación, los malos hábitos de trabajo y las malas relaciones familiares pueden condenar fácilmente a una persona a la pobreza perpetua.

Aquí es donde la iglesia puede proporcionar algunas respuestas. Primero, en el área de la inversión de capital, las iglesias deben desarrollar un fondo de donaciones o ayuda para auxiliar a los necesitados. Los Cristianos deben llegar a los que viven en la pobreza distribuyendo sus propios recursos financieros y apoyando a los ministerios que trabajan en esta área. Tal alcance proporciona a las iglesias un mecanismo para satisfacer las necesidades físicas de los pobres, así como un contexto para satisfacer sus necesidades espirituales.

Una segunda solución es que los Cristianos usen sus dones y habilidades para ayudar a aquellos atrapados en la red de la pobreza. Los médicos pueden proporcionar atención médica. Los educadores pueden proporcionar alfabetización y programas de lectura correctiva. Los empresarios pueden impartir habilidades laborales.

Este tipo de participación social también puede proporcionar oportunidades para el evangelismo. La acción social y el evangelismo a menudo trabajan de la mano. Cuando satisfacemos las necesidades de las personas, tambien podemos abrir oportunidades para alcanzarlas para Jesucristo.

Esto conduce a una tercera solución. La participación Cristiana puede llevar a la conversión espiritual. Al llevar a estas personas a una relación con Jesucristo, podemos romper la cultura de la pobreza. En 2 Corintios 5:17 dice que nos convertimos en nuevas criaturas en Jesucristo. Nacer de nuevo puede mejorar las actitudes y las relaciones familiares. Puede dar una nueva dirección y la capacidad de superar desventajas y dificultades.

La cuarta área de la participación Cristiana es llamar a las personas a su tarea bíblica. Proverbios 6: 6 dice: "Ve, mira la hormiga, perezoso, observa sus caminos y sé sabio;" aquí vemos que debemos amonestar la pereza y los malos hábitos que conducen a la pobreza. En el Nuevo Testamento, Pablo les recuerda a los tesalonicenses la regla de su iglesia: "Si alguno no quiere trabajar, que tampoco coma" (2 Tes. 3:10). Los Cristianos deben amonestar con suavidad pero con firmeza a aquellos cuya pobreza es el resultado de malos hábitos de trabajo para empezar a asumir la responsabilidad de sus propias vidas.

La iglesia puede ayudar a los adictos al alcohol u otras drogas a superar sus dependencias. Los Cristianos pueden trabajar para sanar a las familias rotas. Tratar estas causas fundamentales ayudará a resolver el problema de la pobreza.

El Estilo de Vida Cristiano

Entonces, ¿qué tiene que decir esta visión bíblica, de la riqueza y la pobreza, sobre la manera en que los Cristianos deben vivir? Un breve estudio de las Escrituras muestra a personas piadosas que viven en una variedad de situaciones económicas diferentes. Por ejemplo, Daniel se desempeñó como secretario de estado en las administraciones paganas y, sin duda, vivió un estilo de vida de clase media alta. Ezequiel vivía fuera de la ciudad en lo que podría haber sido considerado un estilo de vida de clase media. Y Jeremías ciertamente vivió un estilo de vida de clase baja.

¿Cuál profeta honró de mejor forma a Dios con su estilo de vida? La pregunta es, por supuesto, ridícula. Cada hombre honró a Dios y siguió la dirección de Dios en su vida. Sin embargo, cada uno vivió un estilo de vida muy diferente.

Los Cristianos deben rechazar las presunciones implícitas en muchas discusiones sobre el estilo de vida económico. No hay un estilo de vida ideal para los Cristianos. Una talla no sirve para todos. En su lugar, debemos buscar al Señor para discernir su voluntad y su llamado en nuestras vidas.

Mientras hacemos esto, hay algunos principios bíblicos que nos guiarán. Primero, debemos reconocer que Dios es el Creador de todo lo que poseemos y usamos. Ya seamos ricos o pobres, debemos reconocer la provisión de Dios en nuestras vidas. Somos mayordomos de la creación; la tierra es, en definitive, del Señor (Sal. 24: 1).

Segundo, debemos "buscar primero su reino y su justicia" (Mat. 6:33). Debemos reconocer y evitar los peligros de la riqueza. La avaricia no es un atributo exclusivo de los ricos, ni la codicia es un atributo exclusivo de los pobres. Los Cristianos deben protegerse contra el efecto de la riqueza en sus vidas espirituales. No hay nada de malo en tener posesiones. El problema viene cuando las posesiones nos poseen.

Tercero, los Cristianos deben reconocer la libertad que viene con la simplicidad. Un estilo de vida sencillo puede librarnos de los peligros de ser esclavizados por las posesiones materiales. También puede liberarnos para una vida espiritual más profunda. Si bien la simplicidad no es un fin en sí misma, puede ser un medio para una vida espiritual de servicio.

Aquí hay algunas sugerencias sobre cómo comenzar a vivir un estilo de vida simple. Primero, come con sensatez y come menos. Esto incluye no solo una buena nutrición, sino también momentos ocasionales para orar y ayunar. Use el tiempo ahorrado para orar y meditar en la palabra de Dios. Usa el dinero ahorrado para el alivio del hambre mundial.

En segundo lugar, vestirse modestamente. Esto no solo obedece al mandato bíblico de vestirse decorosamente, sino que también evita la tentación de Madison Avenue de tener que comprar nuevos vesturarios a medida que cambian los estilos. Un vestuario moderado y modesto puede soportar los drásticos cambios de moda.

Tercero, dar todos los recursos que puedas. Esto incluye tanto las finanzas como las habilidades.

El famoso predicador Metodista John Wesley tenía una receta simple para una perspectiva bíblica adecuada sobre el dinero: gane todo lo que pueda, guarde todo lo que pueda y dé todo lo que pueda.

• Con respecto a las ganancias, Wesley dijo: "Gana todo lo que puedas de la industria honesta. Usa toda la diligencia posible en tu vocación. No pierdas el tiempo. Si te entiendes a ti mismo y a tu relación con Dios y el hombre, sabes que no tienes nada que perder."

• Al ahorrar dinero, dijo: "No desperdicies ninguna parte de un talento tan valioso meramente para satisfacer el deseo del ojo con prendas superfluas o caras, o con adornos innecesarios."

• También nos amonestó a ser generosos en nuestro dar. Si simplemente acumulamos nuestro dinero, él dijo: "También puedes tirar tu dinero al mar, como enterrarlo en la tierra. Y también puedes enterrarlo en la tierra, como en tu pecho, o en el Banco de Inglaterra."[25]

Busca oportunidades para dar los recursos con los que Dios te ha bendecido. Si Dios te ha bendecido con riqueza, busca oportunidades para regalarla prudentemente. Si Dios te ha bendecido con grandes habilidades, úsalos para Su gloria.

---

[25] John Wesley, "The Use of Money," The Sermons of John Wesley Thomas Jackson, ed., 1872 edition, http://wesley.nnu.edu/john_wesley/sermons/050.htm.

CAPÍTULO 7 Deuda y Crédito

Hemos estado estudiando los principios bíblicos relacionados con la economía y las finanzas, pero también debemos poner el problema de las deudas en perspectiva. No se puede exagerar el impacto de las deudas en nuestra sociedad. Es la principal causa de divorcio y también de muchos problemas en el matrimonio. Incluso es una de las causas de la depresión y el suicidio. Las personas endeudadas no tenían la intención de arruinar sus vidas y las de sus familias, pero las consecuencias a menudo son devastadoras.

La Biblia tiene mucho que decir sobre el dinero y una parte importante de estas advertencias financieras se relaciona con las deudas. Proverbios 22:7 dice: "El rico domina a los pobres, y el deudor es esclavo del acreedor." Cuando pides dinero prestado y te endeudas, te pones en una situación en la que el prestamista tiene una influencia significativa sobre ti.

Muchos otros versículos en Proverbios también advierten sobre el peligro potencial de las deudas (Proverbios 1: 13-15; 17:18; 22: 26-27; 27:13). Si bien esto no significa que nunca podamos estar endeudados, nos advierte sobre sus peligros.

Romanos 13:8 es un versículo que a menudo se malinterpreta porque dice: "No debáis a nadie nada." Aunque algunos teólogos han argumentado que este versículo prohíbe la deuda, el pasaje necesita ser visto en contexto. Este pasaje no es una enseñanza específica sobre la deuda, sino un resumen de nuestro deber como Cristianos ante la autoridad gubernamental. No debemos deberle nada a nadie (dinero, impuestos, etc.).

La Biblia está llena de pasajes que proporcionan pautas para prestar y aceptar dinero de otra persona (con la intención de pagar). Si la deuda fuera algo malo,

61

entonces estos pasajes no existirían, y habría una clara prohibición contra esta. Pero el significado probable de Romanos 13:8 pareciera ser que debemos pagar nuestras deudas lo más rápido posible.

En este punto, sería bueno hacer una distinción entre deuda y crédito. A menudo, en nuestra sociedad, las dos palabras se usan similarmente. En pocas palabras, la deuda es algo que se debe. La Biblia no prohíbe los préstamos, pero ciertamente no los recomienda. El crédito es el establecimiento de confianza mutua entre un prestamista y un prestatario.

Para comenzar, permíteme reconocer que algunas personas terminan endeudadas sin que sea su culpa. Es posible que hayan sido estafados en un negocio. Es posible que hayan hecho un intento de buena fe para iniciar un negocio, pero no tuvieron éxito porque sus competidores o proveedores los engañaron. Es posible que hayan sido demandados injustamente en el tribunal. Las razones son muchas.

Las Consecuencias de las Deudas

¿Cuáles son las consecuencias de las deudas? La Biblia describe la deuda como una forma de esclavitud. Proverbios 22:7 dice: "El rico domina a los pobres, y el deudor es esclavo del acreedor." El prestatario se convierte en un sirviente (o esclavo) de la persona que es el prestamista.

Si observas el Antiguo Testamento, notarás que las deudas a menudo estaba relacionada con la esclavitud. Por ejemplo, tanto las deudas como la esclavitud fueron canceladas en los años del Jubileo. Algunas veces las personas incluso se ponen a sí mismas en esclavitud debido a una deuda (Deut. 15: 2, 12).

Hoy puede que no estemos en una verdadera esclavitud de las deudas, pero a veces puede parecerlo. Todos hemos escuchado la frase: "Debo, debo, por lo que estoy listo para ir a trabajar." Si estás endeudado, sabes que puede haber muy pocos días libres y tal vez no haya vacaciones. Alguien con deudas puede comenzar a sentirse como un esclavo.

¿Cómo puedes saber si estás demasiado endeudado? Aquí hay algunas preguntas que debes hacerte. ¿Tienes una colección cada vez mayor de facturas vencidas en tu escritorio? ¿Conduces por la carretera esperando ganar la lotería? ¿Te sientes estresado cada vez que piensas en tus finanzas? ¿Evitas contestar el teléfono porque crees que podría ser una agencia de cobros? ¿Haces sólo pagos mínimos en las tarjetas de crédito?

Una de las consecuencias de las deudas es que a menudo negamos la realidad. Para poder lidiar de manera realista con las deudas en nuestras vidas, necesitamos deshacernos de algunas de las ideas tontas que se encuentran dando vueltas en nuestras cabezas.

Por ejemplo, no vas a ganar la lotería. Tu problema de deuda no va a desaparecer si simplemente lo ignoras. Y una falla en la computadora de tu prestamista no borrará tus registros financieros, accidentalmente, para que no tengas que pagar tu deuda.

Otra consecuencia de las deudas es una pérdida de la integridad. Cuando no podemos pagar, comenzamos a decir "el cheque está en el correo" cuando no lo está. No solo nos engañamos a nosotros mismos, sino que tratamos de engañar a otros acerca de la magnitud de nuestro problema de endeudamiento.

A veces, la deuda conduce incluso a la deshonestidad. El Salmo 37:21 dice: "El impío pide prestado y no paga." Debemos pagar nuestras deudas.

Una tercera consecuencia de las deudas es la adicción. La deuda es adictiva. Una vez endeudados, comenzamos a sentirnos cómodos con los automóviles, bienes de consumo, muebles, etc., todos financiados a través de deudas. Una vez que alcanzamos ese nivel de comodidad, nos endeudamos más.

Una consecuencia final de las deudas es el estrés. Los expertos en estrés han calculado el impacto de varios factores de estrés en nuestras vidas. Algunas de las mayores fuentes de estrés son la muerte de un cónyuge y el divorcio. Pero es sorprendente cuántos otros factores de estrés están relacionados financieramente (cambio en el estado financiero, hipoteca sobre US$100,000). Cuando debemos más de lo que podemos pagar, nos preocupamos y sentimos una gran carga de estrés que no existiría si viviéramos libres de deudas.

Deudas de Tarjeta de Crédito

Al escuchar los informes de las noticias, uno pensaría que los estadounidenses se están ahogando en deudas, pero la historia no es tan simple. Las últimas estadísticas económicas dicen que un hogar promedio de los EE. UU. tiene más de US$9,000 en deudas de tarjetas de crédito. Un hogar promedio también gasta más de US$1,300 al año en pagos de intereses.

Si bien estos números son ciertos, también son engañosos. La deuda promedio por hogar estadounidense con al menos una tarjeta de crédito es de US$9,000. Pero casi una cuarta parte de los estadounidenses ni siquiera tienen tarjetas de crédito.

Un hecho aún más revelador es que más del treinta por ciento de los hogares estadounidenses pagaron sus cuentas de tarjetas de crédito, más recientes, en su totalidad. Entonces, en realidad, la mayoría de los estadounidenses no le deben nada a las compañías de tarjetas de crédito. De los hogares que sí deben dinero en tarjetas de crédito, el saldo promedio fue de US$2,200. Solo aproximadamente 1 de cada 12 hogares estadounidenses deben más de US$9,000 en tarjetas de crédito.

La cifra de US$9,000 proviene de CardWeb. Toma la deuda pendiente de la tarjeta de crédito en Estados Unidos y la divide por el número de hogares que tienen al menos una tarjeta de crédito. Mientras que el promedio es preciso, es engañoso.

Liz Pulliam Weston, escribiendo para MSN Money, explica: "El ejemplo que suelo dar para ilustrar la falacia de los promedios es imaginar que tú y 17 de tus amigos estaban cenando con Bill Gates y Warren Buffett. El patrimonio neto promedio de una persona en esa mesa sería de unos US$5 mil millones. El hecho de que el patrimonio neto personal de todos los demás fuera mucho menos no afectaría al promedio en gran medida porque Bill y Warren son mucho más ricos que el resto de nosotros."[26]

Sí, los estadounidenses están endeudados. Y algunos están realmente endeudados. Si eres uno de esos individuos, debes aplicar los principios bíblicos que estamos discutiendo a tu situación. Si no estás endeudado, aprende una lección indirecta sobre lo que puede suceder si no prestas atención a lo que significa estar endeudado.

Aquí hay algunos principios para lidiar con las deudas de tarjetas de crédito. Primero, ten en cuenta de que el problema no es la tarjeta de crédito que tienes en la mano. El problema puede ser con la persona que tiene la tarjeta de crédito. Proverbios 22:3 dice: "El prudente ve el mal y se esconde,

---

[26] Liz Pulliam Weston, "The big lie about credit card debt," MSN Money, 30 July 2007, tinyurl.com/33zrut.

mas los simples siguen adelante y son castigados."

En segundo lugar, nunca uses tarjetas de crédito excepto para compras presupuestadas. Hacer compras con tarjetas de crédito es una de las razones principales por las que las personas se sienten endeudadas.

En tercer lugar, paga tus tarjetas de crédito cada mes. Si no puedes pagar la factura de tu tarjeta de crédito, no la vuelvas a usar hasta que puedas pagarla.

Hipoteca de la Casa

La mayoría de los asesores financieros Cristianos ponen una hipoteca en una categoría diferente a la de otras deudas. Hay un número de razones para esto.

Primero, obtener un préstamo hipotecario dependerá del valor de la casa. Después de un pago inicial, se aplica un calendario de préstamos (de capital e intereses) al saldo del gasto de la vivienda. Si un propietario enfrenta una crisis financiera, él o ella puede vender la casa y usar esa cantidad para retirar el préstamo.

En segundo lugar, una casa es a menudo un activo apreciable. En muchos mercados de vivienda, el precio de una casa aumenta cada año. Esto hace que sea una inversión financiera aún menos arriesgada. Pero claro, lo que sube también puede bajar. Algunos propietarios han visto disminuir significativamente el valor de su casa. Eso afecta su capacidad para pagar su préstamo hipotecario si necesitan vender su casa.

En tercer lugar, una hipoteca es una deducción de impuestos y, por lo tanto, proporciona un pequeño beneficio financiero a los propietarios de viviendas, que no tendrían si estuvieran alquilando. Al mismo tiempo, los compradores de casas ansiosos no deben sobreestimar el valor de esto (deducción de impuestos) y justificar la compra de una casa que está más allá de sus posibilidades.

Cuarto, el interés en un préstamo hipotecario generalmente se encuentra dentro de unos pocos puntos porcentuales de la tasa preferencial. Esto significa que la tasa de interés de un préstamo hipotecario típico es aproximadamente un tercio de la tasa de interés de una tarjeta de crédito típica.

Si bien una hipoteca puede ser diferente de otros tipos de deuda, eso no significa que no haya peligros y trampas. Como ya hemos mencionado, las personas compran casas asumiendo que apreciarán su valor. Pero muchos encuentran que los precios de las casas se estancan o incluso disminuyen. Después de pagar los costos de cierre, es posible que puedan deber más de su préstamo hipotecario, que lo que recibieron de la venta de su casa.

Otra preocupación acerca de una hipoteca es que muchos propietarios terminan comprando más casas de las que realmente pueden pagar. El hecho de que califiquen para una casa en particular no significa que deban comprar una casa que les dé más deudas financieras que lo que puedan pagar (calificar para algo y pagarlo no es lo mismo).

Las circunstancias financieras cambiantes pueden sorprender a una pareja que califica para una hipoteca de una casa. Por ejemplo, la esposa puede quedar embarazada y ya no puede trabajar y aportar los ingresos necesarios para realizar el pago mensual de la hipoteca. Cualquiera de los cónyuges puede ser despedido del trabajo y no proporcionar los ingresos necesarios. Y siempre hay gastos inesperados para los propietarios de viviendas (nuevo horno, calentador de agua, etc.) que las parejas pueden no haber presupuestado cuando compraron una casa.

Una fórmula que se usa a menudo para considerar una hipoteca de una casa, es comprar una casa que sea menos de dos veces y media el ingreso bruto anual de una familia. Otra es considerar lo que actualmente puedes pagar en alquiler y comparar esa cantidad con la hipoteca de la casa (más los gastos adicionales, como seguros, impuestos, etc.). Las dos cantidades deben ser similares.

Salir de las Deuda

Vamos a concluir hablando de cómo salir de las deudas. Si ya estás endeudado, necesitas romper el ciclo de la deuda con disciplina aplicada a través del tiempo.

Primero, establecer las prioridades correctas. Dios lo posee todo. Desafortunadamente, a menudo creemos que somos dueños de todo. Necesitamos transferir la propiedad de todas nuestras posesiones, mentalmente a Dios (Salmo 8). Esto también incluiría darle al Señor su parte y honrarlo con tu ofrenda (aunque sea una cantidad pequeña).

Segundo, deja de pedir prestado. Si se rompiera una tubería en tu casa, lo primero que harías sería cerrar el agua antes de que empieces a trapear el agua. Antes de hacer cualquier otra cosa, "frena" el préstamo. No uses tu tarjeta de crédito. No tomes un préstamo bancario.

Tercero, desarrollar un presupuesto. Esto es algo que podrías hacer solo o con la ayuda de muchos ministerios (programas de asistencia del gobierno) y servicios financieros en línea, que pueden proporcionar algunas guías. Por otro lado, puedes consultar con un experto financiero que te puede dar pautas.

Comienza por hacer una lista de todos tus gastos mensuales (hipoteca o alquiler, servicios públicos, comestibles, pagos de automóviles, facturas de tarjetas de crédito, etc.). Luego, necesitas establecer una prioridad para los préstamos que tienes y que están pendientes. Esto debe incluir información sobre la cantidad adeudada y las tasas de interés. Luego, debes reservar un presupuesto realista que te permita tener suficiente dinero para pagar los préstamos de manera sistemática.

Escribe a cada acreedor con un plan de pago basado en este presupuesto realista. Podría ser bueno incluso incluir un estado financiero y una copia de tu presupuesto para que puedan ver que eres serio respecto a salir de las deudas.

Cuarto, comienza a retirar tus deudas. Si puedes, paga extra en las deudas con las tasas de interés más altas. Si todos ellos tienen tasas de interés comparables, en lugar de eso, podrías pagar más en el saldo más pequeño. Al pagar eso primero, tendrás una sensación de logro y luego liberará parte de tus ingresos para afrontar tu próxima deuda.

Quinto, desarrollar nuevos hábitos de gasto. Por ejemplo, si generas ingresos adicionales por trabajar horas extra o en un trabajo adicional, úsalo para cancelar tu deuda más rápido. No asumas que debido a que tienes un ingreso discrecional adicional, puedes usarlo para gastarlo en ti mismo.

Antes de que compres algo, y si el artículo no está en tu presupuesto, pregúntate si realmente lo necesitas y cuánto uso le darás. A menudo gastamos porque estamos acostumbrados a gastar. Cambia tus hábitos de consumo.

Las deudas son como una forma de esclavitud. Haz lo que puedas para estar libre de deudas. Si sigues fielmente estos pasos, eso puede ocurrir en unos pocos años. La libertad de las deudas reducirá tu estrés y te liberará para lograr lo que Dios quiere que hagas.

SECCIÓN 3 Retos en el siglo XXI.

CAPÍTULO 8 ¿Es el Mundo Plano?

¿El mundo es plano? La pregunta no es tan loca como podría sonar a la luz del libro de Thomas Friedman titulado *El Mundo es Plano: Una Breve Historia del Siglo XXI*. Su argumento es que el campo de juego global ha sido nivelado o aplanado por las nuevas tecnologías.

En mil cuatrocientos noventa y dos, cuando Colón navegó en el océano azul, utilizó equipo de navegación rudimentario para probar que la tierra era *redonda*. Más de 500 años después, Friedman descubrió en una conversación con uno de los ingenieros más inteligentes de la India que esencialmente el mundo era *plano*. Friedman sostiene que hemos entrado en una tercera era de globalización, que él llama Globalización 3.0 que ha aplanado al mundo.

La primera era de la Globalización (que él llama Globalización 1.0) duró desde que Colón zarpó hasta alrededor de 1800. "Redujo al mundo de un tamaño grande a un tamaño mediano. La Globalización 1.0 fue sobre los países y el poder."[27] El agente de cambio clave en esta era fue la cantidad de poder que tenía tu país (potencia, energía eólica, etc.). Impulsados por factores como el imperialismo e incluso la religión, los países rompieron barreras y comenzaron el proceso de integración global.

La segunda era (que él llama Globalización 2.0) duró desde 1800 hasta 2000 con interrupciones durante la Gran Depresión y las Guerras Mundiales I y II. "Esta era encogió al mundo de tamaño mediano a tamaño pequeño. En la Globalización 2.0, el agente clave del cambio, la fuerza dinámica que impulsa la integración global, fueron las

---

[27] Thomas Friedman, The World is Flat: A Brief History of the Twentieth Century (New York: Farrar, Straus and Giroux, 2005), 9.

empresas multinacionales."[28] Al principio se trataba de sociedades anónimas Holandesas e Inglesas, y más tarde fue el crecimiento de una economía global gracias a las computadoras, los satélites e incluso a Internet.

La fuerza dinámica en la Globalización 1.0 fue la *globalización de los países*, mientras que la fuerza dinámica en la Globalización 2.0 fue la *globalización de las empresas*. Friedman sostiene que la Globalización 3.0 será diferente porque proporciona "el nuevo poder para que los *individuos* colaboren y compitan globalmente."[29]

Los jugadores en este nuevo mundo del comercio también serán diferentes. "La Globalización 1.0 y 2.0 fueron impulsadas principalmente por personas y empresas Europeas y Estadounidenses. . . . Debido a que está aplanando y encogiendo al mundo, la Globalización 3.0 será cada vez más y más impulsada no solo por individuos, sino también por un grupo mucho más diverso -no occidental, no blanco- de individuos. Individuos de todos los rincones del mundo plano están siendo empoderados."[30]

Los Aplanadores

Friedman sostiene en su libro que las nuevas tecnologías han aplanado el campo de juego global.

El primer aplanamiento ocurrió el 9 de noviembre de 1989. "La caída del Muro de Berlín el 9/11/89 desató fuerzas que finalmente liberaron a todos los pueblos cautivos del Imperio Soviético. Pero en realidad hizo mucho más. Inclinó el equilibrio de poder en todo el mundo hacia quienes abogaban por una gobernanza democrática, consensuada y orientada hacia el libre

---

[28] Ibid.

[29] Ibid., 10.

[30] Ibid., 11.

72

mercado, y se alejó de quienes abogaban por un gobierno autoritario con economías de planificación central."[31]

El cambio económico fue aún más importante. La caída del Muro de Berlín fomentó la libre circulación de ideas, bienes y servicios. "Cuando un estándar económico o tecnológico surgió y se demostró en el escenario mundial, se adoptó mucho más rápidamente después de que el muro estaba fuera del camino."[32]

Thomas Friedman también hace una conexión entre las dos fechas 11/9 y 9/11. Señaló que en "un mundo lejano, en tierras musulmanas, muchos pensaron que [Osama] bin Laden y sus camaradas derribaron al Imperio soviético y al muro con celo religioso, y millones de ellos se inspiraron para aferrarse al pasado. En resumen, mientras estábamos celebrando el 11/9, las semillas de otro día memorable (el 9/11) se estaban sembrando."[33]

Un segundo aplanador fue Netscape. Este nuevo software jugó un rol muy importante en aplanar el mundo, haciendo que Internet sea realmente interoperable. Hasta entonces, había islas de información desconectadas.

Solíamos ir a la oficina de correos para enviar correo; ahora la mayoría de nosotros enviamos correo digitalizado a través de Internet conocido como *correo electrónico*. Solíamos ir a las librerías para buscar y comprar libros; ahora los buscamos digitalmente. Solíamos comprar un CD para escuchar música, ahora muchos de nosotros obtenemos nuestra música digitalizada de Internet y la descargamos en un reproductor de MP3.

Un tercer aplanador fue el Workflow (software de flujo de trabajo). A medida que se desarrollaba Internet, la

---

[31] Ibid., 49.

[32] Ibid., 52.

[33] Ibid., 55.

gente quería hacer algo más que buscar libros y enviar correos electrónicos. "Querían moldear cosas, diseñar cosas, crear cosas, vender cosas, comprar cosas, hacer un seguimiento de los inventarios, hacer los impuestos de otra persona y leer las radiografías de alguien que está a medio mundo de distancia. Y querían poder hacer cualquiera de estas cosas, desde cualquier lugar y desde cualquier computadora a otra computadora, sin problemas."[34]

Todas las computadoras necesitan ser interoperables no solo entre los departamentos dentro de una empresa sino también entre los sistemas de cualquier otra compañía. El Workflow hizo esto posible.

¿A dónde llevará esto? Considera este escenario probable. Cuando quieres hacer una cita con el dentista, tu computadora traduce tu voz en una instrucción digital.

Luego comparará tu calendario con las fechas disponibles en el calendario del dentista. Te ofrecerá tres opciones, y tu harás click en la fecha y hora que más te acomoda. Luego, una semana antes de tu cita, el calendario del dentista te enviará un correo electrónico para recordarte. La noche antes de tu cita, un mensaje de voz generado por computadora te recordará nuevamente.

El cuarto aplanador es Open-Source (código abierto). El Open-Source proviene de la idea de que grupos pondrían a disposición en línea el código abierto del software y luego permitirían que cualquier persona que tenga algo para contribuir lo mejore y permita que millones de otros lo descarguen de forma gratuita.

Un ejemplo de software de "código abierto" es Apache, que actualmente utiliza aproximadamente dos tercios de los sitios web del mundo. Otro ejemplo de "código abierto" es el blog (un sitio web que contiene las experiencias, observaciones, opiniones, etc. de un escritor o grupo de escritores, y que a menudo tiene imágenes y

---

[34] Ibid., 73.

enlaces a otros sitios web). Los bloggers a menudo son personas comentaristas en línea vinculados a otros por sus intereses comunes. Ellos han creado esencialmente una sala de redacción de código abierto.

Los bloggers de noticias fueron responsables de exponer el uso de documentos falsos por la cadena de televisión CBS y el periodista Dan Rather, en un informe sobre el servicio de la Guardia Nacional Aérea del Presidente Bush. Howard Kurtz, de The Washington Post, escribió (20 de septiembre de 2004): "Fue como lanzar un fósforo en madera empapada en queroseno. Las llamas resultantes arrasaron el establecimiento de los medios de comunicación, ya que blogueros desconocidos e insignificantes, lograron poner a la red de televisión de Murrow y Cronkite, a la defensiva."

Otro ejemplo de open-sourcing es el proyecto de Wikipedia, que se ha convertido quizás en la enciclopedia en línea más popular del mundo. Linux es otro ejemplo. Ofrece una familia de sistemas operativos que pueden adaptarse a pequeñas computadoras de escritorio o laptops, hasta grandes supercomputadoras.

Un quinto aplanador es el outsourcing (es una práctica comercial en la cual una compañía contrata a otra compañía o un individuo para realizar tareas, manejar operaciones o brindar servicios). En muchos sentidos, esto fue posible cuando las compañías estadounidenses instalaron cables de fibra óptica en la India. Finalmente, la India se convirtió en el beneficiario.

India se ha vuelto muy buena en la producción de poder cerebral, especialmente en ciencias, ingeniería y medicina. Hay un número limitado de Institutos Indios dentro de una población de mil millones de personas. La competencia resultante produce una meritocracia de conocimiento fenomenal. Hasta que India fuera conectada, muchos de los graduados venían a Estados Unidos. "Fue como si alguien hubiera instalado una fuga de cerebros que se llenó en Nueva Delhi y se vació en Palo Alto."[35]

El cable de fibra óptica se convirtió en un puente oceánico. Ya no necesitas dejar la India para ser un profesional, ya que puedes conectarte al mundo desde la India.

Un sexto aplanador fue la reubicación. La reubicación es cuando una empresa toma una de sus fábricas que opera en Canton, Ohio, y traslada toda la fábrica a Canton, China.

Cuando China se unió a la Organización Mundial de Comercio, llevó a Pekín y al resto del mundo a un nuevo nivel de reubicación. Las empresas comenzaron a cambiar la producción al extranjero e integraron sus productos y servicios en sus cadenas de suministro globales.

Cuanto más atractiva sea China para la reubicación, más atractivos tienen que ser los otros países desarrollados y en desarrollo. Esto creó un proceso de aplanamiento y lucha competitiva para dar a las empresas los mejores subsidios y beneficios fiscales.

¿Cómo afecta esto a los Estados Unidos? "Según el Departamento de Comercio de EE. UU., casi el 90 por ciento de la producción de las fábricas, propiedad de EE. UU., que se encuentran en otros países, se vende a consumidores extranjeros. Pero esto en realidad estimula las exportaciones estadounidenses. Hay una variedad de estudios que indican que cada dólar que una empresa invierte en fábricas en otros países, produce exportaciones adicionales para su país de origen, porque aproximadamente un tercio del comercio mundial actual se realiza dentro de compañías multinacionales."[36]

---

[35] Ibid., 105.
[36] Ibid., 123.

El séptimo aplanador es la cadena de suministros. "Ninguna compañía ha sido más eficiente en mejorar su cadena de suministro (y, por lo tanto, aplanando el mundo) que Wal-Mart, y ninguna compañía personifica la tension, que las cadenas de suministro evocan entre el consumidor en nosotros y el trabajador en nosotros, que Wal-Mart."[37]

Thomas Friedman llama a Wal-Mart "la China de las empresas" porque puede usar su apalancamiento financiero para moler a cualquier proveedor hasta el último centavo. Y hablando de China, si Wal-Mart fuera una economía individual, se ubicaría como el octavo socio comercial más grande de China, por delante de Rusia, Australia y Canadá.

Un octavo aplanador es lo que Friedman llama insourcing. Un buen ejemplo de esto es UPS. UPS no es solo la entrega de paquetes; La empresa está haciendo logística. Su lema es "Tu Mundo Sincronizado." La compañía está sincronizando las cadenas de suministro globales.

Por ejemplo, si posees una computadora portátil Toshiba con garantía, que necesita una reparación, llamas a Toshiba. Lo que probablemente no sepas es que UPS recogerá tu computadora portátil y la reparará en su propio taller de UPS dedicado a la reparación de computadoras e impresoras. Lo arreglan y lo devuelven en mucho menos tiempo del que tardaría en enviarlo a Toshiba.

Un noveno aplanador está en-formación. Un buen ejemplo de eso es Google. Google ha sido el último ecualizador. Si eres un profesor universitario con una conexión a Internet de alta velocidad o un niño pobre en Asia con acceso a un cibercafé, tienes el mismo acceso básico a la información de investigación.

---

[37] Ibid., 129.

Google pone una enorme cantidad de información a nuestro alcance. Esencialmente, toda la información en Internet está disponible para cualquier persona, en cualquier lugar, en cualquier momento.

Friedman dice que "En-formación es la capacidad de construir e implementar tu propia cadena de suministro personal, una cadena de suministro de información, conocimiento y entretenimiento. En-formación se trata de la auto-colaboración: convertirse en su propio investigador autodirigido y autopotenciado, editor y selector de entretenimiento, sin tener que ir a la biblioteca o al cine o a través de la red de televisión."[38]

Un décimo aplanador es lo que él llama "los esteroides." Estas son todas las cosas que aceleran el proceso (velocidad de la computadora, inalámbrico). Por ejemplo, el aumento de la velocidad de las computadoras es deslumbrante. El microprocesador Intel 4004 (en 1971) produjo 60,000 instrucciones por segundo. Intel Pentium 4 Extreme tiene un máximo de 10.8 mil millones de instrucciones por segundo.

La revolución inalámbrica permite que cualquier persona tenga acceso portátil a todo lo que se ha digitalizado en cualquier parte del mundo. Cuando estaba en la escuela de posgrado en la Universidad de Yale, todos estábamos atados a una sola computadora central. Para usar la computadora, tuve que entregar la tarjeta de la computadora a alguien en el laboratorio de computación con el fin de ingresar datos o extraer información. Ahora, gracias a la digitalización, la miniaturización y la tecnología inalámbrica, puedo hacer todo eso y mucho más desde mi casa, oficina, cafetería o aeropuerto.

---

[38] Ibid., 153.

Perspectiva Bíblica

Aunque los futuristas han hablado durante mucho tiempo sobre la globalización y una aldea global, muchas de estas fuerzas lo han hecho realidad. En este punto, podría ser valioso distinguir entre *globalización* y *globalismo*. Aunque estos términos a veces se usan indistintamente, quiero hacer algunas diferenciaciones importantes. La globalización se utiliza para describir los cambios que tienen lugar en la sociedad y en el mundo debido a las fuerzas económicas y tecnológicas. Esencialmente, tenemos una economía global y vivimos en la aldea global.

El globalismo es el intento de unirnos a un nuevo orden mundial con un gobierno mundial y una economía mundial. A veces esto incluso implica el deseo de desarrollar una religión mundial. Ciertamente hay preocupaciones legítimas sobre este impulso hacia el gobierno global. Deberíamos preocuparnos por los intentos políticos de formar un nuevo orden mundial.

Por otro lado, también debemos reconocer que la globalización ya está ocurriendo. *El Mundo es Plano* se enfoca en muchos de los aspectos positivos de este fenómeno, aunque hay muchos críticos que creen que podría ser perjudicial.

Algunos creen que beneficiará a los ricos a expensas de los pobres. Algunos creen que disminuirá el rol de las naciones en deferencia al gobierno mundial. Estos son temas importantes que trataremos de abordar en futuros artículos.

Por ahora, veamos algunas implicaciones importantes de un mundo plano. Primero, debemos preparar a nuestros hijos y nietos para la competencia global. Thomas Friedman dice que cuando estaba creciendo, sus padres le dicían "Termina tu cena. La gente en China e India se mueren de hambre." Hoy le dice a sus hijas: "Chicas, terminen su tarea; la gente de China e India están muriendo de hambre por sus trabajos."[39]

Otra implicación es la creciente influencia de los dos países con las poblaciones más grandes: China e India. Las principales empresas están mirando a estos países para investigación y el desarrollo. El siglo XX fue llamado "el Siglo Americano." Es probable que el siglo XXI sea el "Siglo Asiático."

Estos dos países representan un tercio de la población mundial. Sin duda transformarán toda la economía global y el panorama político. Los estudiantes de profecía bíblica se preguntan si estos dos países representan a los "Reyes del Este" (Ap. 16:12). En el pasado, la mayor parte de la atención se centraba únicamente en China. Quizás los Reyes (plural) representan tanto a China como a India.

Una implicación final es que este mundo aplanado ha abierto el ministerio Cristiano a través de Internet y posteriores viajes a estos países. Probe Ministries, por ejemplo, ahora tiene un ministerio global. En el pasado, era la carta ocasional que recibíamos de un país extranjero. Ahora interactuamos diariamente con personas de países de todo el mundo.

El aplanamiento del mundo puede tener sus desventajas, pero también abrió un ministerio de maneras inimaginables hace solo unos años. Bienvenido al mundo plano.

---

[39] Ibid., 237.

CAPÍTULO 9 La Globalización y el Efecto Wal-Mart

En el capítulo anterior, hablamos sobre el comercio global y el proceso de globalización en relación con el mundo plano. En este capítulo, continuaremos analizando ese proceso utilizando Wal-Mart como un ejemplo de lo que está sucediendo en nuestro mundo. Thomas Friedman, en su libro *El Mundo es Plano*, dice que si Wal-Mart fuera una economía individual, se ubicaría como el octavo socio comercial más grande de China, por delante de Rusia, Australia y Canadá.[40]

A lo largo de este capítulo, nos referiremos a muchos de los hechos y cifras del libro *The Wal-Mart Effect* de Charles Fishman.[41] Por ejemplo, señala que más de la mitad de todos los estadounidenses viven a menos de ocho kilómetros de una tienda Wal-Mart. Para la mayoría de las personas, eso es aproximadamente de diez a quince minutos en automóvil. El noventa por ciento de los estadounidenses viven a veinticuatro kilómetros de un Wal-Mart. De hecho, cuando conduces por la carretera interestatal, es raro que pases más de unos minutos sin ver un camión de Wal-Mart.

Wal-Mart tiene más de 3800 tiendas en los Estados Unidos. Eso es más de una tienda Wal-Mart para cada condado [condado es una división política y administrativa de un territorio o estado, que brinda ciertos servicios gubernamentales locales] en el país.[42] Y no se desvanecen exactamente en el paisaje. Se pueden ver gran

---

[40] Thomas Friedman, The World is Flat: A Brief History of the Twentieth Century (New York: Farrar, Straus and Giroux. 2005), 137-138.

[41] Charles Fishman, The Wal-Mart Effect (New York: Penguin, 2006).

[42] Ibid., 6.

cantidad de estacionamientos de asfalto, destacados por su gran tamaño.

Wal-Mart también se ha convertido en el bien común nacional. Cada siete días, más de cien millones de estadounidenses compran en Wal-Mart (es decir, un tercio del país). Cada año, el noventa y tres por ciento de los hogares estadounidenses compran al menos una vez en Wal-Mart. Sus ventas en los Estados Unidos son más de US$2000 por hogar. La ganancia de Wal-Mart en esa cantidad fue de solo US$75.00.[43]

El tamaño de esta empresa es difícil de comprender. Wal-Mart no es solo el retail (venta minorista) más grande de los Estados Unidos, sino más bien del mundo. Durante la mayor parte de esta década, ha sido tanto la compañía más grande del mundo como la compañía más grande en la historia del mundo.

En 2006, Wal-Mart iba a ser desplazado del puesto número uno en la lista Fortune 500 (de las compañías más grandes) por ExxonMobil, cuyas ventas superaron a Wal-Mart, debido a que el precio mundial del petróleo subió mucho en el año anterior. Sin embargo, con la caída en los precios del petróleo en los últimos dos años, muy por debajo de los US$50.00 por barril, Wal-Mart sigue siendo la compañía más grande del mundo.

Sin embargo, si consideras el payrolls (la lista de los empleados de una empresa y la cantidad de dinero que se les deben pagar), no hay comparación. ExxonMobil emplea a unas 90.000 personas en todo el mundo. Wal-Mart emplea a 1,6 millones.[44] Y hay otra diferencia. ExxonMobil está creciendo al subir los precios. Wal-Mart está creciendo a pesar de bajar los precios.

---

[43] Ibid.

[44] Ibid., 7.

Dicho de otra manera; Wal-Mart es tan grande como Home Depot, Kroger, Target, Costco, Sears y Kmart combinados. Target podría ser considerado el mayor rival de Wal-Mart y el competidor más cercano, pero es pequeño en comparación. Wal-Mart vende más para el día de San Patricio (17 de marzo) que lo que Target vende todo el año.[45]

El Efecto Wal-Mart

Pide a las personas que te den su opinión acerca de Wal-Mart y es probable que obtengas muchas respuestas diferentes. Pueden hablar con entusiasmo sobre los "precios siempre bajos." O pueden hablar sobre el impacto que Wal-Mart tuvo en los pequeñas negocios de su comunidad cuando llegó la primera tienda. Incluso pueden hablar de la pérdida de empleos en Estados Unidos, ya que muchas de las principales empresas estadounidenses entre 1990-2010 encontraron mano de obra más barata en otros países. Créeme; la mayoría tendrá una opinión sobre Wal-Mart.

Wal-Mart tuvo su creación en la mente de Sam Walton, quien promovió una sola idea: vender mercadería al precio más bajo. Comenzó con Wal-Mart trabajando duro para mantener los costos de su empresa lo más bajo posible. Esta idea se trasladó de su empresa a sus proveedores, ya que les pedían que fueran lo más frugales posible. A medida que la empresa crecía en tamaño, comenzaron a buscar todos los medios para ahorrar hasta el último centavo en materiales, empaque, mano de obra, transporte y exhibición. El resultado fue "el efecto Wal-Mart."

Los consumidores han adoptado el "efecto Wal-Mart." A medida que una tienda se traslada a una

---

[45] Ibid.

comunidad, ofreciendo precios más bajos, reduce los precios en otras tiendas. O compiten o cierran sus puertas. También cambia los hábitos de compra de aquellos en la comunidad.

Sin embargo, con "el efecto Wal-Mart" viene el temor a "la economía Wal-Mart." Esta es la sensación persistente de que hay que pagar los costos sociales y económicos de los "precios siempre bajos." Los críticos hablan de salarios bajos, beneficios mínimos, y pocas posibilidades de avance profesional.

La compañía se ha encontrado bajo el ataque de muchos sectores. Hay una demanda en nombre de 1.6 millones de mujeres que han trabajado en Wal-Mart que alegan una discriminación sexual sistemática. Agrega a esto las acusaciones de que los gerentes han requerido que los empleados trabajen fuera del horario e incluso que hayan encerrado a los empleados en las tiendas durante la noche.

También existe la constante queja de que Wal-Mart no proporciona beneficios de atención médica adecuados. El año pasado, por ejemplo, la legislatura de Maryland aprobó un proyecto de ley que obliga a las empresas con más de 10,000 empleados a gastar al menos el ocho por ciento de su payroll en atención médica o pagar la diferencia al estado. Dado que Wal-Mart es el único empleador con más de 10,000 empleados en el estado, es fácil ver que la legislación solo estaba dirigida a Wal-Mart.

Wal-Mart, recientemente, puso fin a una investigación federal sobre su uso de extranjeros ilegales para limpiar sus tiendas. La compañía hizo un pago récord al gobierno federal.

La meta de Sam Walton desde el principio fue un enfoque implacable en el control de costos para proporcionar "siempre precios bajos." Inculcó en sus empleados valores fundamentales como el trabajo duro, la frugalidad, la disciplina y la lealtad.[46]

En su libro *The Wal-Mart Effect*, Charles Fishman dice que estos valores se han invertido. Él señala cómo la compañía ha cambiado. Cuando Sam Walton murió en 1992, Wal-Mart era una compañía de US$44 mil millones al año con 370,000 empleados. El número de empleados ahora ha crecido en 1.2 millones, y las ventas han aumentado en US$240 mil millones. "Wal-Mart no solo no es la empresa que fundó Sam Walton; ya no es la compañía que dejó atrás."[47]

Fuera de la Caja

Probablemente nunca hayas pensado en el empaque alrededor del desodorante, pero Wal-Mart sí lo hizo. Hasta principios de la década de 1990, casi todas las marcas de desodorantes venían en una caja de cartón. La mayoría de los consumidores abrían la caja, sacaban el contenedor de desodorante y tiraban la caja a la basura. Algunos de nosotros las reciclábamos, pero éramos una minoría muy pequeña.

A principios de la década de 1990, Wal-Mart (junto con algunos otros minoristas) decidió que la caja de cartón era un desperdicio. El producto venía en una lata o envase de plástico. Estos eran al menos tan duros como la caja. La caja ocupaba espacio y desperdiciaba cartón. Transportar el peso del cartón, agrega peso a los camiones y desperdicia combustible. Y la caja en sí cuesta dinero para diseñar y producir. Incluso cuesta dinero poner el desodorante en la caja.

Wal-Mart comenzó a aplicar presión a los proveedores para eliminar la caja. Los fabricantes de

---

[46] Ibid., 27.
[47] Ibid., 48.

desodorantes calcularon que la caja costaba aproximadamente cinco centavos para cada consumidor. Wal-Mart dividió los ahorros. Los fabricantes de desodorantes se quedan con unos pocos centavos, y Wal-Mart les dio un par de centavos de ahorro a los consumidores.

Entra hoy a Wal-Mart y mira el pasillo de los desodorantes. Probablemente encontrarás ocho estantes de desodorante, en los cuales habrá sesenta tipos diferentes. En este mar de casi quinientos envases de desodorante, no hay una caja.

Considera el impacto de esta decisión. Primero, está el impacto ambiental. Bosques enteros no fueron talados para proporcionar una caja que los consumidores no usarían. Unos pocos las reciclaron, pero la gran mayoría las tiró segundos después de sacar el desodorante. ¿Fue buena la presión de Wal-Mart para remover las cajas de los desodorantes? Ciertamente lo fue, si te preocupan los temas ambientales.

El impacto económico también fue considerable. Un ahorro de cinco centavos puede parecer trivial hasta que lo multipliques por los doscientos millones de adultos en los Estados Unidos. Si solo contabilizas los desodorantes en cada baño estadounidense, tienes un ahorro de US$10 millones, de los cuales los consumidores deben quedarse con la mitad. Pero no olvides que los ahorros son recurrentes. Los estadounidenses están ahorrando US$5 millones en centavos de cinco a seis veces al año.

Pero también hay un tercer impacto. El impacto que esta decisión tuvo en los puestos de trabajo. Hasta ahora, la decisión parece 'ganar-ganar.' Sin embargo, es posible que no te sientas tan entusiasmado con la decisión si trabajas en la industria forestal o si estás en el negocio de las cajas de cartón.

Esta historia ilustra muy bien el problema de proporcionar un análisis claro e inequívoco del comportamiento del consumidor en los mercados estadounidenses, y más aún, la ética de las corporaciones en un mercado global. Y esta historia es probablemente más fácil de analizar si tu primera prioridad es el medio ambiente. Pero la ética de otras situaciones que surgen de la globalización no es tan fácil de evaluar.

Wal-Mart ejemplifica el mundo en el que las entidades corporativas influyen significativamente en nuestras decisiones e incluso transforman una economía. Si bien es posible que nos guste el resultado final, de ahorrar en las cajas de cartón, ciertamente no nos gustan otros aspectos del "efecto Wal-Mart." La compañía ha crecido tanto y ha evolucionado de formas inesperadas que es difícil predecir lo que depara el futuro. Cuando comenzamos a hacer preguntas morales, no siempre es tan fácil determinar si los resultados son buenos para el país y para nosotros.

Salmón

A los estadounidenses les encanta comer salmón. De hecho, comemos más de 1.75 millones de libras (800 mil kg) de salmón al día.[48] Lo comemos en casa y cuando salimos a un restaurante. Los estadounidenses compran gran cantidad de salmón barato de Wal-Mart. Pero probablemente no estén conscientes del impacto, que tiene su compra, en el medio ambiente. La mayoría del salmón que se sirve en los Estados Unidos es el salmón del Atlántico (que es una especie que no solo se encuentra en estado silvestre sino que también es la especie elegida por los productores de salmón).

El salmón que compras en Wal-Mart es "un producto de fábrica." En otras palabras, se incuban a partir de

---

[48] Ibid., 169.

huevos, se crían en criaderos de agua dulce y luego se cultivan en jaulas oceánicas abiertas en aguas costeras frías.[49]

Wal-Mart vende más salmón que cualquier otra tienda en el país. Wal-Mart también compra todo su salmón a Chile. De hecho, compran cerca de un tercio de la cosecha anual de salmón que vende Chile. Wal-Mart vende el salmón a US$4.84 por libra (1 libra equivale a 0.45 kg). Parece increíble que puedan venderlo por tan poco, pero hay costos ocultos.

El salmón del Atlántico no es originario de Chile (su costa se extiende a lo largo del Pacífico). Es una especie exótica que literalmente es cultivada y procesada por miles de chilenos. Las condiciones laborales son ciertamente una preocupación (largas horas, bajos salarios, procesamiento de salmón con instrumentos de fileteado afilados).

Otra preocupación es el medio ambiente. El cultivo de salmón ya está transformando la ecología del sur de Chile "con decenas de millones de salmones viviendo en vastos corrales oceánicos, su exceso de comida y sus heces se depositan en el fondo marino debajo de los corrales, y decenas de plantas procesadoras de salmón descargan entrañas de salmon, sin tartar, directamente en el Océano."[50]

Cuando compramos salmón de Chile, ¿estamos contribuyendo a este daño ambiental? Charles Fishman pregunta: "¿Importa que el salmón por US$4.84 la libra deje una capa de lodo tóxico en los fondos oceánicos de los fiordos del Pacífico del sur de Chile?"[51] Después de todo, estos salmones se crían en corrales (hasta un millón por granja). Son alimentados con antibióticos para prevenir enfermedades. Como resultado, tienes un buen

---

[49] Ibid., 170.

[50] Ibid., 171.

[51] Ibid., 172.

lío. Un millón de salmones producen aproximadamente la misma cantidad de residuos que 65,000 personas. Agrega a eso desechos adicionales de alimentos no consumidos y residuos de antibióticos. En esencia, el método actual de la cría de salmón crea un lecho marino tóxico.

Entonces, ¿cómo cambiamos esto? La respuesta es simple: cambiando el comportamiento del consumidor. Si los compradores no compran salmón hasta que Wal-Mart insista en estándares más altos, Wal-Mart insistirá en ellos. La misma compañía que creó este enorme mercado para el salmón también puede cambiarlo. Pero esto solo sucederá si los consumidores expresan sus preocupaciones y lo respaldan con su comportamiento.

Comportamiento del Consumidor

Como dije antes, menciona el nombre de Wal-Mart y es probable que tengas muchas reacciones variadas. Si bien a los compradores les encantan los "precios siempre bajos", los críticos señalan el impacto que la compañía ha tenido en la economía y el medio ambiente.

De hecho, es un poco engañoso pensar en Wal-Mart como una mera compañía. En realidad, es una fuerza de mercado global. Sin lugar a dudas, es una de las entidades más eficientes en mejorar su cadena de suministro no solo en este país sino también en todo el mundo. La mayoría de nosotros solo compramos en la tienda y no pensamos en las implicaciones de lo que compramos y dónde lo compramos.

El tamaño de Wal-Mart le da el poder de hacer muchas cosas positivas. Recientemente anunció planes de ahorro de combustible para sus tiendas y camiones. Esto podría proporcionar un modelo para la nación.

Wal-Mart también proporcionó un modelo de cómo lidiar con un desastre como el huracán Katrina. A pesar de que tenían 171 instalaciones en el camino de la tormenta, pudieron recuperarse y reabrir el ochenta y tres por ciento de sus instalaciones, en el área del Golfo, dentro de seis días.

Una clave para el éxito de Wal-Mart son los asociados que están dedicados a sus comunidades. La conexión local lo ayudó a entregar bienes cuando el gobierno falló. Wal-Mart entró en acción incluso antes del huracán. Cuando existe la posibilidad de un huracán, su cadena de suministro se ajusta automáticamente y envía una gran cantidad de alimentos y generadores no perecederos.

¿Cuál es el efecto de Wal-Mart en la economía local? Un famoso estudio descubrió que la llegada de una tienda Wal-Mart tuvo un impacto dramático. "Las tiendas de comestibles perdieron el 5 por ciento de sus negocios, las tiendas especializadas perdieron el 14 por ciento de sus negocios y las tiendas de ropa perdieron el 18 por ciento de sus negocios -mientras que las ventas totales aumentaron un 6 por ciento- principalmente debido a Wal-Mart."[52]

Los críticos de Wal-Mart dicen que obliga a las pequeñas empresas a la bancarrota. Pero si lo piensas bien, son los consumidores quienes ponen a las personas fuera del negocio. Votamos con nuestras billeteras. Los compradores son los que han hecho posible el crecimiento fenomenal de Wal-Mart. Y nosotros somos los que debemos prestar atención a lo que compramos y dónde lo compramos.

Nuestro comportamiento como consumidor puede tener un impacto positivo en nuestro mundo. Como individuos, tenemos un impacto mínimo, pero colectivamente tenemos un impacto en nuestras vidas y en nuestra economía todos los días cuando gastamos dinero. Durante largo tiempo, los Cristianos han estado dispuestos a separar la ética de la economía. En siglos anteriores, los

---

[52] Ibid., 156.

teólogos hicieron preguntas importantes sobre la relación de la moralidad con el dinero.

Es hora de volver a esa reflexión moral, especialmente en esta era de la globalización. Los Cristianos deben estar alertas a los consumidores en esta economía global.

CHAPTER 10 ¿Está en Quiebra los Estados Unidos?

Permíteme comenzar con una pregunta provocativa: ¿Está yendo a la quiebra Estados Unidos? Es una pregunta que se ha hecho muchas veces antes. Cuando un economista hace la pregunta, crea un gran revuelo.

En 2006, Laurence Kotlikoff preguntó: "¿Está en quiebra Estados Unidos?"[53] Concluyó que los países pueden ir a la quiebra y que los Estados Unidos está yendo a la bancarrota debido a futuras obligaciones con la Seguridad Social y Médica. En ese momento, su comentario generó mucha discusión y controversia.

Dos años más tarde, el mismo economista escribiendo para la revista *Forbes* formuló la pregunta de una manera ligeramente diferente: "¿Está yendo a la quiebra Estados Unidos?"[54] Señaló que la toma de control por parte del gobierno federal de Fannie Mae y Freddie Mac representaba un gran desafío financiero. Estas dos instituciones emiten aproximadamente la mitad de las hipotecas en los Estados Unidos, de modo que parte de la asistencia financiera tuvo al gobierno endeudado por US$5 billones (si considera la deuda corporativa que se debe y la deuda hipotecaria que está garantizada).

Sin embargo, US$5 billones en realidad no son nada cuando consideras los pasivos reales que está enfrentando nuestro gobierno. Él estima que es del orden de US$70 billones. He visto a otros estimar nuestros pasivos no financiados desde US$50 billones hasta más de US$90

---

[53] Laurence Kotlikoff, "Is the United States Bankrupt?" Federal Reserve Bank of St. Louis Review, July/August 2006, 88(4), pp. 235-49.

[54] Laurence Kotlikoff, "Is the U.S. Going Broke?" Forbes, September 29, 2008

billones. Vamos (por el bien de la discusión) a usar la cifra de US$70 billones.

La cifra de US$70 billones en realidad representa la diferencia fiscal entre las obligaciones de gasto proyectadas del gobierno y todos los ingresos fiscales proyectados. Él señala: "Esta brecha fiscal toma en cuenta la necesidad del Tío Sam de pagar los bonos del gobierno de Estados Unidos con deuda pendiente. Pero también reconoce todas las deudas no oficiales de nuestro gobierno, incluyendo su obligación con los 'baby boomers' (personas que nacieron entre 1946 y 1964), que se retirarán pronto, para pagar sus beneficios del Seguro Social y médico."[55]

Cuando hablamos de cantidades de dólares tan grandes, es difícil poner esto en perspectiva. Vamos a enfocarnos en el desafío que hace la generación Baby boom. Hay aproximadamente 78 millones de baby boomers que se retirarán en las próximas décadas. Cada uno de ellos puede esperar recibir aproximadamente US$50,000 cada año (en dólares de hoy) durante su jubilación. Bien, así que vamos a multiplicar 78 millones por un pago anual de US$50,000 y obtendrás un costo anual de US$4 billones por año.

Por supuesto, estas son solo las obligaciones que conocemos. Hay otros costos y obligaciones potenciales que ni siquiera están calculados en la deuda nacional. Los precios de las viviendas ciertamente encajan en esa categoría. Conocemos algunas de las obligaciones que fueron escritas en las leyes pero no podemos predecir lo que podría ocurrir en el futuro. Y no sabemos cuántos bancos fracasarán en el futuro y cuál será el costo para el contribuyente estadounidense.

---

[55] Ibid.

Fannie Mae y Freddie Mac

Si preguntaras a la mayoría de la gente qué saben sobre Fannie Mae y Freddie Mac, probablemente respondan que saben muy poco acerca de estas dos corporaciones. Sin embargo, después del rescate en 2008, la mayoría de los estadounidenses saben mucho más sobre estas dos instituciones.

Fannie Mae es la Asociación Federal Nacional de Hipotecas y Freddie Mac es la Corporación Federal de Préstamos Hipotecarios. Son corporaciones propiedad de accionistas y se las conoce como empresas patrocinadas por el gobierno, conocidas como GSE. Las dos son consideradas las compañías financieras más grandes del mundo con pasivos de aproximadamente US$5 billones.

El rescate de estas instituciones fue controvertido por varias razones. Primero, estas dos GSE son compañías privadas en las que el gobierno quería ayudar con el dinero de los contribuyentes. El economista John Lott cree que "todo este enfoque es bastante dudoso. Si subsidias el riesgo, obtienes más. Si no tienes que asumir el costo del riesgo, ¿por qué no disparar a la luna? (si apuntas a algo, incluso si no lo logras, estarás en un lugar mejor que donde empezaste)."

El ex líder conservador (republicano), Dick Armey, dijo que estábamos "privatizando las ganancias mientras socializábamos las pérdidas." Los accionistas de Fannie Mae y Freddie Mac ya reciben tasas de interés más altas que los valores del Tesoro debido al mayor riesgo de reembolso. Él sugiere que el gobierno pague 90 centavos por dólar en lugar de 100 por ciento.

En medio de los debates sobre los rescates, aprendimos algunas lecciones vitales sobre la economía. Por ejemplo, algunos han hablado sobre la propuesta de suspender las reglas contables de la Ley Sarbanes-Oxley conocida como "marca al Mercado." Tratar de comprender esta propuesta nos obligó a estar al tanto de los aspectos económicos y contables.

También aprendimos que a veces una agencia reguladora podría no haber hecho un buen trabajo advirtiéndonos de los peligros.

La Oficina de Supervisión de Empresas de Vivienda Federal emplea a 200 personas para supervisar a Fannie Mae y Freddie Mac, que son entidades patrocinadas por el gobierno, que poseen o garantizan casi la mitad de las hipotecas residenciales de la nación. Apenas unos meses antes del colapso de Fannie y Freddie, la OFHEO emitió un informe en el que se ve claramente lo que se avecinaba.

También aprendimos que al tratar de hacer algo bueno, el gobierno puede hacer daño. Durante la década de 1990, el Departamento del Tesoro cambió las reglas de préstamo para la Ley de Reinversión Comunitaria. Este fue un intento de conseguir familias de ingresos medios y bajos para la compra de una vivienda. Desafortunadamente, estas familias carecían de los recursos para hacer sus pagos. Era solo una cuestión de tiempo antes de que muchas de esas familias dejaran de pagar sus préstamos.

Medicare

Por lo general, cuando hablamos de pasivos no financiados, la conversación generalmente se dirige al Seguro Social. Resulta que el déficit del Seguro Social es un problema, pero no es nada en comparación con el déficit de Medicare (es el programa de seguro de salud del gobierno de los Estados Unidos para personas mayores de 65 años o más jóvenes consideradas discapacitadas debido a graves problemas de salud).

Medicare es un programa de 'pago por uso.' Aunque algunos miembros del Congreso advirtieron sobre problemas futuros con el sistema, la mayoría de los políticos simplemente ignoraron el potencial de un déficit masivo. Medicare viene en tres partes. Medicare Parte A cubre estadías en el hospital; Medicare B cubre las visitas al médico y recientemente se agregó Medicare D como beneficio de medicamentos.

¿Qué tan grande es el déficit financiero? Permíteme citar un discurso pronunciado por Richard Fisher (Presidente y Director Ejecutivo, Federal Reserve Bank of Dallas). Él dice:

El valor actual descontado del pasivo no financiado de Medicare A es de US$34.4 billones. El pasivo no financiado de Medicare B es de US$34 billones adicionales. El déficit de Medicare D agrega otros US$ 17.2 billones. ¿El total? Si quisieras cubrir el pasivo no financiado de los tres programas de hoy, te quedarías con una factura de US$85.6 billones. Eso es seis veces más grande que la factura del Seguro Social. Es más de seis veces la producción anual de toda la economía de los Estados Unidos.[56]

Hay una serie de factores que contribuyen a este enorme problema. Primero, están las realidades demográficas que también están afectando al Seguro Social. Desde 1946 a 1964 tuvimos un baby boom seguido de un baby bust (baby bust son personas nacidas entre los años 1965 y 1980). Nunca una cohorte tan grande ha dependido de una cohorte tan pequeña para financiar sus programas a los que los ciudadanos tienen derecho (ej. jubilación, seguridad social, atención médica). En segundo lugar, hay longevidad. La gente vive vidas más largas que nunca. En tercer lugar, el costo del tratamiento médico y la tecnología está aumentando. Tenemos mejores medicamentos y máquinas más sofisticadas, pero todo eso

---

[56] Richard W. Fisher, "Storms on the Horizon," remarks before the Commonwealth Club of California (San Francisco, CA, May 28, 2008).

cuesta dinero. Finalmente, tenemos un nuevo derecho (el programa de medicamentos recetados) que es un pasivo no financiado que es un tercio mayor que todo el Seguro Social.

Richard Fisher dice que si agregas los pasivos no financiados de Medicare y el Seguro Social, piensas en una cifra cercana a los US$100 billones. "El Medicare tradicional constituye aproximadamente el 69 por ciento, el nuevo beneficio de medicamentos aproximadamente el 17 por ciento y el Seguro Social el 14 por ciento restante."[57]

Entonces, ¿qué significa esto para cada uno de nosotros? Actualmente tenemos una población de más de 300 millones. Si dividimos los pasivos no financiados por la cantidad de personas en los Estados Unidos, el pago por persona ascenderá a US$330,000. Dicho de otra manera; esta sería una factura a pagar, a una familia de cuatro, por US$1.3 millones. Eso es más de 25 veces el ingreso promedio del hogar.

---

[57] Ibid.

Deuda del Consumidor

Hemos estado respondiendo a la pregunta, ¿Está yendo a la quiebra Estados Unidos? Ahora me gustaría cambiar el enfoque y hacer una pregunta relacionada. ¿Los estadounidenses están yendo a la quiebra? Mientras que la deuda pública ha estado explotando, también lo ha hecho la deuda del consumidor.

Veamos algunas estadísticas recientes. Casi la mitad de todas las familias estadounidenses gastan más de lo que ganan cada año. Las quiebras personales están en su punto más alto y en aumento. Se estima que los consumidores deben más de US$2 billones.

Es importante recordar que aunque muchos estadounidenses están significativamente endeudados, muchos otros no lo están. En un capítulo anterior sobre deuda y crédito, señalamos que algunas de las estadísticas sobre la deuda de tarjetas de crédito son engañosas.

Las estadísticas actuales dicen que un hogar promedio de los Estados Unidos tiene más de US$9,000 en deuda de tarjeta de crédito. También leímos que un hogar promedio gasta más de US$1,300 al año en pagos de intereses. Si bien estos números son ciertos, también son engañosos. La deuda promedio por hogar estadounidense con al menos una tarjeta de crédito es de US$9,000. Pero casi una cuarta parte de los estadounidenses ni siquiera tienen tarjetas de crédito.

También debemos recordar que más del treinta por ciento de los hogares estadounidenses han pagado sus cuentas de tarjetas de crédito, más recientes, en su totalidad. Entonces, en realidad, la mayoría de los estadounidenses no le deben nada a las compañías de tarjetas de crédito. De los hogares que sí deben dinero en tarjetas de crédito, el saldo promedio fue de US$2,200. Solo aproximadamente 1 de cada 12 hogares estadounidenses deben más de US$9,000 en tarjetas de crédito.

La estadística es cierta pero muy engañosa. Eso también es real para muchas otras estadísticas de la deuda del consumidor. Por ejemplo, casi dos tercios de los préstamos al consumidor involucran lo que se denomina deuda "no revolvente", como los préstamos para automóviles. Cualquier persona que alguna vez haya sacado un préstamo de automóvil se da cuenta de que está pidiendo prestado dinero del banco para un activo que se deprecia. Pero es un activo que generalmente tiene algún valor de reventa (a diferencia de una comida o unas vacaciones compradas con una tarjeta de crédito).

Sin embargo, incluso en este caso, la realidad es diferente de la percepción. Sí, muchas familias tienen pagos de automóviles. Pero muchas otras familias no tienen un pago de automóvil y no deben nada al banco. Por lo tanto, debemos tener cuidado al evaluar diversas estadísticas sobre la deuda de los consumidores.

Sin embargo, la conclusión es que el gobierno, las familias y los individuos están gastando más de lo que tienen. El gobierno está yendo a la quiebra. Las familias y los individuos están yendo a la quiebra. Necesitamos aplicar los principios bíblicos al tema de las deudas.

Perspectiva bíblica

Proverbios 22: 7 dice: "El rico domina a los pobres, y el deudor es esclavo del acreedor." Cuando pides dinero prestado y te endeudas, te pones en una situación donde el prestamista tiene una influencia significativa sobre el deudor. Esto es verdad, ya sea que el deudor es un individuo o una nación entera.

Muchos de los Proverbios también advierten sobre el peligro potencial de las deudas (Proverbios 1: 13-15; 17:18; 22: 26-27; 27:13).

Si bien esto no significa que nunca podamos estar endeudados, nos advierte sobre sus peligros. Nunca es prudente endeudarse, y muchos se preguntan ahora si Estados Unidos y los estadounidenses, como individuos, están yendo a la quiebra.

Romanos 13: 8 dice: "No debáis a nadie nada." Este pasaje parece indicar que debemos pagar nuestras deudas rápidamente. Eso implicaría que los Cristianos tienen el deber de pagar sus impuestos y pagar sus deudas.

Pero, ¿qué debemos hacer si el gobierno continúa endeudándose cada vez más? Creo que deberíamos responsabilizar a los funcionarios del gobierno ya que parece que no tienen ningún deseo real de pagar su deuda. El Salmo 37:21 dice: "El impío pide prestado y no paga." Debemos pagar nuestras deudas como individuos, y el gobierno también debe pagar sus deudas.

En el Antiguo Testamento, las deudas a menudo estaban relacionada con la esclavitud. ¿No es interesante que tanto las deudas como la esclavitud fueron canceladas en el año de Jubileo? También vale la pena señalar que a veces las personas incluso se ponen a sí mismas en esclavitud por las deudas (Deuteronomio 15: 2, 12).

Como vivimos en la era del Nuevo Testamento, no tenemos un año de jubileo, pero debemos responsabilizar al gobierno y a nosotros mismos por las deudas. Si vemos un problema, debemos resolverlo de inmediato. Proverbios 22: 3 dice: "El prudente ve el mal y se esconde, mas los simples siguen adelante y son castigados." Es hora de que las personas prudentes evalúen honestamente nuestras circunstancias financieras.

Cuando el gobierno está muy endeudado, realmente solo tiene tres opciones. Puede aumentar los impuestos.

Puede pedir prestado el dinero. O puede imprimir el dinero. Si bien es probable que el gobierno aumente los impuestos en el futuro, parece haber un límite superior (al menos políticamente) para aumentarlos. El préstamo es una opción, pero también es poco probable que el gobierno de los Estados Unidos pueda pedir prestado mucho más a los inversionistas y a otros países. Eso sugeriría que la Reserva Federal imprimirá más dinero, por lo que nuestro dinero valdrá menos.

En este capítulo, te brindamos una evaluación honesta de dónde estamos como país. La responsabilidad está ahora en nuestras manos para responsabilizar al gobierno y tomar las medidas necesarias en nuestras propias circunstancias financieras.

CAPÍTULO 11 ¿Tenemos seguridad financiera?

¿Qué tipo de seguridad financiera puedes esperar en el futuro? La respuesta a esa pregunta puede depender de cuándo naciste. Los avanzados, innovadores y pioneros baby boomers lo harán mucho mejor que las generaciones que los siguen.

Una razón importante es la demografía. El baby boom fue precedido, y lo más importante, seguido por años consecutivos de menos nacimientos. Treinta y cinco por ciento más de los estadounidenses nacieron durante el baby boom que durante los diecinueve años anteriores. Y nacieron un doce por ciento más que durante los siguientes diecinueve años. Este aumento de 19 años en la fertilidad ha creado algo más que una rareza en las estadísticas sociales. Ha nublado el futuro financiero de la mayoría de los estadounidenses.

Las personas mayores reciben apoyo, especialmente durante los últimos años de su vejez, por miembros de la generación más joven. El baby boom fue seguido inmediatamente por el baby bust (un período de fuerte disminución en la tasa de natalidad, especialmente en los Estados Unidos, desde principios de los años sesenta hasta principios de los ochenta), o lo que muchos comentaristas han calificado de "escasez de Nacimiento." Esta relación desproporcionada entre los baby boomers y los baby busters genera dudas sobre el futuro de la generación del boom y sugiere que enfrentará una crisis inminente de seguridad financiera.

La preocupación surge tanto de las realidades económicas como demográficas. La dura realidad económica es que el déficit federal ha alcanzado los US$ 20 billones. Lo que agrava esta situación económica son los problemas como el déficit comercial, el aumento de los impuestos, el aumento de los precios del petróleo y la inevitable desaceleración de la economía.

El mayor problema no es tanto la economía como la forma en que la demografía afecta a la economía. El gran tamaño de la generación boom ha tenido un impacto negativo en sus miembros. Paul Hewitt, del Retirement Policy Institute, lo expresó de esta manera:

> El baby boom como generación ha sido su peor enemigo. Siempre que queríamos algo, el precio subía, y cuando vendíamos, el precio bajaba. Así que obtuvimos menos por nuestro trabajo y pagamos más por nuestras casas. Cuando queramos vender esas casas, el precio bajará, y cuando queramos atención médica en la vejez, los precios subirán.[58]

Muchos estadounidenses se encuentran a sí mismos como parte de lo que se ha denominado "la generación de la triple opresión." Los estadounidenses, con padres ancianos, están descubriendo que la prestación de cuidados a largo plazo para los padres afecta su capacidad de ahorrar para la educación de sus hijos y también su capacidad de ahorrar para su propia jubilación.

Los comentaristas también se han referido a estas personas como la "generación sándwich" porque se encuentran entre una generación de más edad que depende de ellos para el cuidado de los ancianos y una generación más joven que depende de ellos para la vivienda y la educación. Las realidades económicas y demográficas pueden parecer sombrías, pero serán mucho peores si no aplicamos los principios bíblicos a nuestras finanzas. La clave para la seguridad financiera de la mayoría de los estadounidenses ha sido el denominado banquillo de tres patas: ahorros, pensiones y Seguridad

---

[58] David Kirkpatrick, "Will You Be Able to Retire?" Fortune, 31 July 1989, 57.

Social. Desafortunadamente, las termitas económicas amenazan la fuerza de ese banquillo.

Ahorros

La primera pata en el banquillo de la jubilación es el ahorro. Los boomers están justamente preocupados por los ahorros (o más concretamente, la falta de ahorros) que han reservado hasta ahora para su jubilación. Una encuesta de boomers encontró que seis de cada diez expresaron gran preocupación por poder cumplir con todas sus responsabilidades financieras, y el 62 por ciento temen que puedan sobrevivir con sus ahorros de jubilación.

Pero no son los únicos preocupados. Una encuesta realizada por la American Academy of Actuaries hizo eco de los temores de los boomers. El setenta y dos por ciento de los actuarios de los fondos de pensiones consultados predijeron que la mitad de los Baby Boom no tendrá los medios para jubilarse a los 65 años.[59]

¿Cuánto han ahorrado los estadounidenses hasta ahora? Bueno, no mucho si una encuesta reciente es un indicio. Un informe de la Reserva Federal encontró que: "El cuarenta y siete por ciento de los encuestados dice que o bien no podría cubrir un gasto de emergencia que cueste US$400, o lo cubriría vendiendo algo o pidiendo dinero prestado."[60]

La incapacidad de casi la mayoría de los estadounidenses para llegar a la suma de cuatrocientos dólares ilustra dos cosas. Primero, muestra cuán poco (si acaso) tienen en ahorros o inversiones. En segundo lugar, demuestra cuánto están endeudados muchos de ellos. La

---

[59] Susan Dentzer, "How We Will Live," U.S. News and World Report, 25 Dec. 1989, 62.

[60] Report on the Economic Well-Being of U.S. Households in 2014, Board of Governors of the Federal Reserve System, May 2015.

primera pata del banquillo de tres patas está en una forma horrible porque, para muchos en la generación boom, los ahorros están disminuyendo a medida que aumenta la deuda.

Las razones de la deuda estadounidense son bastante simples. En primer lugar, los boomers y los busters tenían grandes expectativas para sí mismos y, a menudo, estaban dispuestos a endeudarse profundamente para financiar el estilo de vida que habían elegido para sí mismos. Segundo, tuvieron la desgracia de ingresar al mundo del consumidor en el momento en que los salarios estaban estancados y cuando la mayoría de los bienes y servicios que ansiaban se vieron afectados por la inflación. Esto impulsó aún más los préstamos de consumo; esto se convirtió tanto en una causa como en una consecuencia de su movilidad descendente.

Las familias endeudadas no suelen ahorrar. Si tuvieran recursos financieros para ahorrar e invertir, sería prudente eliminar primero su deuda de consumo con altos intereses. En 1984, más de un tercio de todos los hogares encabezados por una persona menor de treinta y cinco años no tenían ahorros de ningún tipo, ni depósitos en bancos u otras instituciones financieras, aparte de las cuentas corrientes que no pagan intereses.

La solución a este problema es simple: sal de las deudas y pon dinero en ahorros y jubilación. Ahora, si bien esto puede ser fácil de decir, es difícil de hacer para la generación actual. Las expectativas de los "baby boomers" frecuentemente exceden sus ingresos, y las cambiantes realidades económicas y demográficas los colocan en una posición precaria. Pero si esta generación quiere tener un futuro financiero más seguro, debe tomar medidas financieras apropiadas ahora.

Pensiones Corporativas

En el pasado, solía haber un acuerdo no escrito entre una empresa y un individuo. Si trabajaste fielmente para la compañía, la compañía te cuidaría en tu jubilación. Pero este acuerdo tácito se ha roto por dos razones.

Primero, muchas de estas compañías carecen de los recursos financieros para cuidar de sus jubilados. La consolidación de algunas empresas y las quiebras de muchas otras, ponen en peligro las pensiones. Otras compañías invirtieron fuertemente en esquemas especulativos thrifts (la habilidad de usar el dinero y otros recursos con cuidado y sin desperdiciar) y bonos basura, y sus inversiones descansan en un terreno inestable. En otros casos, los recursos financieros actuales parecen adecuados, pero aún no se han probado, sino hasta cuando los millones de baby boomers comiencen a jubilarse.

Segundo, la mayoría de los estadounidenses no han trabajado suficiente tiempo con ninguna compañía para ganar una pensión significativa. No era raro que los padres de los baby boomers hayan trabajado para una sola compañía durante más de veinte años. Los baby boomers y las siguientes generaciones, por otro lado, cambian de trabajo, si no de carreras profesionales, con una frecuencia sin precedentes.

Todos estos factores han puesto a esta generación en una posición precaria. En general, no están ahorrando y tienen pensiones inadecuadas para darles un futuro financiero seguro. Muchos confían en que el Seguro Social estará allí para ellos cuando se jubilen. ¿Pero será así?

Esta inquietud aparente nace tanto de la elección como de la necesidad. Los boomers son mucho menos propensos a permanecer en un trabajo que no mejora el desarrollo personal y la autoexpresión. A diferencia de sus padres y abuelos, que a menudo permanecían en una compañía "por el bien de la familia", es mucho más probable que las siguientes generaciones busquen trabajo en otras compañías.

Los estadounidenses también cambian de trabajo por necesidad. Se encuentran compitiendo entre sí por menos cargos de alta dirección por varias razones. En primer lugar, las empresas han reducido sus rangos de gestión. La mayor parte de esta reestructuración se realizó en la década de 1980 para que las empresas fueran más eficientes. El resto fue el resultado natural de compras, adquisiciones y consolidación, dejando menos capas estructurales en la administración superior y menos empleos.

Seguro Social

La inminente debacle del Seguro Social es compleja, este tema llena libros enteros. Pero el problema básico se puede ilustrar una vez más observando el impacto demográfico de la generación boom.

Cuando comenzó el Seguro Social a mediados de la década de 1930, la proporción de trabajadores con respecto a los que recibían Seguro Social era de diez a uno y la esperanza de vida era dos años por debajo de la edad de jubilación. El sistema de pay-as-you-go (pago por uso) podía funcionar con ese tipo de números.

Pero dos cambios demográficos fundamentales amenazan con enviar al Seguro Social a un precipicio. El primero es el "boom de los adultos mayores." Los avances en la medicina moderna han aumentado la esperanza de vida en 28 años en este siglo. Hoy en día la edad media es mayor de 36 años y sigue subiendo. Uno tiene que preguntarse acerca de la estabilidad del Seguro Social en un país donde cada año un porcentaje cada vez mayor de estadounidenses califican para ser miembros de la Asociación Americana de Personas Jubiladas.

El segundo cambio demográfico es la relación entre la generación del baby boom y la generación del baby bust. La generación más pequeña que sigue a la generación del boom tendrá que apoyar el Seguro Social a medida que más baby boomers se jubilen. El sistema enfrentará tensiones increíbles en las próximas décadas a medida que la proporción de trabajadores a beneficiarios del Seguro Social siga disminuyendo.

Ambos cambios demográficos son relevantes. Los estadounidenses están viviendo más tiempo, y las proporciones entre las generaciones están sesgadas. Estos dos cambios seguramente transformarán el sistema actual de pay-as-you-go en nada más que un elaborado esquema Ponzi (es una forma de fraude que atrae a los inversionistas, y paga ganancias a los inversionistas anteriores, mediante el uso de fondos obtenidos de inversionistas más recientes. A las víctimas se les hace creer que las ganancias provienen de las ventas de productos u otros medios, y siguen sin saber que otros inversores son la fuente de ganancias) para el siglo XXI.

Las soluciones a la crisis del Seguro Social son pocas y todas son políticamente difíciles de lograr. O tienes que cambiar el aporte o la demanda de los beneficiarios. El aumento de la cantidad de contribuyentes podría lograrse aumentando la tasa de natalidad (poco probable, y probablemente demasiado tarde). También podría permitir una mayor inmigración legal de trabajadores que podrían contribuir al Seguro Social (pero eso tiene sus propios problemas políticos).

La única forma de aumentar la cantidad de contribuciones es aumentar los pagos de FICA ("Ley Federal de Contribuciones de Seguros", es un impuesto promulgado por el gobierno federal para respaldar sus programas de discapacidad y jubilación). Pero tendrá que haber un límite superior sobre la cantidad de impuestos que pueden pagar los estadounidenses. Si el monto del

Seguro Social se mantiene en sus niveles actuales, las personas que trabajen en el año 2040 podrían tener que pagar al Seguro Social el 40 por ciento de sus ingresos.

Disminuir la demanda requeriría recortar beneficios. Los actuales beneficiarios se benefician más del Seguro Social. Un jubilado del Seguro Social hoy recupera todo lo que pagó en el sistema en aproximadamente cuatro años. Por otro lado, pocos boomers obtendrán la cantidad de dinero que pagaron al sistema. Algunos políticos han sugerido recortar beneficios a los actuales beneficiaries. Otros sugieren, aplicar una prueba de recursos a los beneficiarios ricos o aquellos que reciben otros ingresos de pensión. Ninguna de las dos propuestas tiene mucha probabilidad de aprobación.

Es más probable que el Congreso se vea obligado a recortar los beneficios futuros. El Congreso ya ha aumentado la edad de jubilación y puede inducir a los trabajadores a permanecer en el trabajo hasta los 70 años. Otra solución sería proporcionar mayores recortes de impuestos para que los trabajadores financien su propia jubilación a través de IRA (es una cuenta establecida en una institución financiera que le permite a una persona ahorrar para su jubilación con un crecimiento libre de impuestos o sobre una base de impuestos diferidos) o Keoghs (es un plan de jubilación con impuestos diferidos disponible para personas que trabajan por cuenta propia o empresas no incorporadas).

Obviamente, las soluciones no son populares, pero la alternativa es un colapso del sistema del Seguro Social en la próxima década. Si no se hace algo, las realidades demográficas destruirán el sistema.

Jubilación

Si bien esta generación creció asumiendo que la jubilación sería la regla, los cambios en las condiciones sociales y económicas que hemos discutido pueden forzar un replanteamiento de ese supuesto básico. Después de todo, la idea de a jubilación, históricamente, es de origen reciente.

Cuando se adoptó el Seguro Social por primera vez en 1935, la esperanza de vida era inferior a 63 años, dos años completos antes de la edad de jubilación.[61] La jubilación era para los pocos privilegiados que vivían lo suficiente como para disfrutar de los escasos beneficios financieros del sistema.

Incluso en la década de 1950, la imagen contemporánea que tenemos hoy de las comunidades de jubilados y de los ancianos haciendo turismo recreativo en buses, no existía. La jubilación todavía no existía como institución. Casi la mitad de los hombres mayores de 65 años todavía estaban en el mundo laboral.

Las encuestas realizadas durante la década de 1950 y principios de la década de 1960 mostraron que la mayoría de los estadounidenses deseaban trabajar todo el tiempo que pudieran y veían la jubilación meramente para los discapacitados. Hoy, sin embargo, la mayoría de los estadounidenses esperan su jubilación como un tiempo para viajar, perseguir sus intereses personales y, en general, para complacerse a sí mismo. Sin embargo, el panorama demográfico sugiere que podríamos tener que revisar nuestras imágenes actuales de la jubilación.

A medida que los "baby boomers" corren lentamente hacia la jubilación, probablemente serán la generación más grande de ancianos en la historia, tanto en tamaño como

---

[61] Ken Dychtwald and Joe Flowers, Age Wave: The Challenge and Opportunities of An Aging America (New York: Bantam, 1990), 66.

en proporción relativa a la generación más joven. Estos grandes números precipitarán una "crisis de jubilación" por dos razones. Primero, la gente vive más tiempo. Hemos aumentado la esperanza de vida en 28 años. Durante la mayor parte de la historia de la humanidad, solo uno de cada diez vivía hasta los 65 años. Hoy en día, ocho de cada diez estadounidenses superan los 65 años.

En segundo lugar, la carga de proporcionar beneficios para la jubilación recaerá sobre la generación más joven y más pequeña, más concretamente, aquella nacida después del baby boom. Nunca más se requerirá que tan pocas personas financien la jubilación de tantos otros. Cuando se adoptó el Seguro Social en 1935, había diez trabajadores por cada persona mayor de 65 años. Esa proporción se redujo de seis a uno en la década de 1970.

Hoy en día hay alrededor de tres estadounidenses que trabajan para apoyar a cada jubilado. Pero para cuando el último boomer llegue a la edad de jubilación en 2029, la proporción de trabajadores con respecto a los jubilados se reducirá a menos de dos a uno. Obviamente, los "baby boomers" enfrentan una incertidumbre mucho mayor que la de sus padres cuando entraron en los años que ahora se consideran el momento de la jubilación.

Esta próxima generación puede incluso decidir rechazar la idea de la jubilación, y optar por enriquecerse con el trabajo significativo de toda su vida. Sin embargo, una visión tan idílica podría ser rápidamente aplastada por la dura realidad de la mala salud. Trabajar hasta que tengas 70 años o más, puede no ser fisiológicamente posible para todas las personas.

No es de extrañar que un coro de Cassandras esté prediciendo un desastre financiero en el próximo siglo. Pero ahora se pueden hacer cambios significativos para evitar o al menos disminuir una crisis potencial en el futuro. Una inversión inteligente de acuerdo con los principios bíblicos ahora es absolutamente necesaria para prepararse para este futuro incierto.

CAPÍTULO 12 Economía: Pasado y Futuro

Cualquier persona que esté viendo las noticias o mirando su cuenta de cheques sabe que estamos en un momento económico difícil. Echemos un vistazo a cómo llegamos a este lugar y vamos a establecer algunos principios bíblicos que debemos seguir de manera colectiva e individual.

El Rescate Financiero

¿Quién hubiera imaginado hace unas décadas que Estados Unidos gastaría cantidades tan enormes de dinero en un rescate? El primer rescate fue por US$700 mil millones. Cuando estos números son tan grandes, perdemos toda la proporción de su tamaño y su impacto potencial. Así que permítanme usar algunas comparaciones de un artículo reciente de la revista *Time* para explicar mi punto.[62]

Si tomamos US$700 mil millones y se los damos a todas las personas en los Estados Unidos, recibirían un cheque por US$2,300. O si decidiéramos dar ese dinero a cada hogar en Estados Unidos, recibirían US$6,200.

¿Qué pasaría si pudiéramos usar US$700 mil millones para financiar al gobierno por un año? Si lo hiciéramos, financiaría completamente el Departamento de Defensa, el Departamento de Estado, el Tesoro, el Departamento de Educación, Asuntos de Veteranos, el Departamento del Interior y la NASA. Si, por el contrario, decidiéramos pagar parte de la deuda nacional, se retiraría el siete por ciento de esa deuda.

---

[62] "What Else You Could Spend $700 Billion On," Time, September 2008,www.eandppub.com/2008/09/what-else-you-c.html.

¿Eres un fanático de los deportes? ¿Y si usamos ese dinero para comprar equipos deportivos? Esto es suficiente dinero para comprar a cada equipo de la NFL, a cada equipo de la NBA y a cada equipo de las Grandes Ligas de Béisbol. Sin embargo, nos quedaría tanto que también podríamos comprarle a cada uno de estos equipos un nuevo estadio. Además, todavía nos quedaría mucho dinero que podríamos pagar a cada uno de estos jugadores US$191 millones por un año.

Por supuesto, esto es sólo el pago inicial. Cuando sumamos todo el dinero para los rescates y el estímulo económico, los números son mucho más grandes (algunas estimaciones en el orden de US$4.6 billones).

Jim Bianco (de Bianco Research) procesó los números ajustados por la inflación.[63] El último rescate del gobierno en realidad cuesta más que todos los siguientes gastos del gran presupuesto del gobierno: el Plan Marshall (US$115.3 mil millones), la Compra de Louisiana (US$217 mil millones), el New Deal (US$500 mil millones [estimado]), la Carrera a la Luna (US$237 mil millones), el rescate de Ahorros y Préstamos (US$256 mil millones), la Guerra de Corea (US$454 mil millones), la Guerra de Irak (US$597 mil millones), la Guerra de Vietnam (US$698 mil millones) y la NASA (US$851,2 mil millones).

Incluso si agregas, todo esto, en realidad alcanza los US$3,9 billones y, por lo tanto, sigue siendo US$700 mil millones menos de lo que se necesita (que, por cierto, es el costo original de uno de los paquetes de rescate de los que la mayoría de la gente ha estado hablando).

Ten en cuenta que estas son cifras ajustadas por la inflación. Por lo tanto, puedes comenzar a ver que lo que sucedió hace algunos años no tenía precedentes. Hasta que

---

[63] Barry Ritholtz, "Big Bailouts, Bigger Bucks," Bailouts, Markets, Taxes and Policy,www.ritholtz.com/blog/2008/11/big-bailouts-bigger-bucks/.

no verificas los números, parece dinero de Monopoly. Pero la realidad es que es dinero real, el que debe ser prestado o impreso. No hay una reserva de esta cantidad de dinero, en algún lugar, que el Congreso ponga en la economía.

¿Qué Causó la Crisis Financiera?

¿Qué causó la crisis financiera? Primero, hubo préstamos hipotecarios riesgosos. Algo de eso se debió a la influencia del gobierno a través de la Ley de Reinversión Comunitaria que alentó a los bancos comerciales y las asociaciones de ahorro a prestar dinero a personas en vecindarios de bajos ingresos y de ingresos moderados. Y en parte se debió al hecho de que algunos prestamistas hipotecarios estaban presionando agresivamente los préstamos de alto riesgo. Algunos hicieron esto sobrestimando de manera fraudulenta el valor de las viviendas o exagerando los ingresos de las personas que solicitaban un préstamo hipotecario. Cuando estas personas no podían pagar su préstamo, perdieron sus hogares (y tuvimos un número récord de ejecuciones hipotecarias).

Luego, los prestamistas que presionaron esos préstamos incobrables fueron a la quiebra. Entonces comenzó a caer toda una serie de fichas de dominó. Empresas patrocinadas por el gobierno como Fannie Mae y Freddie Mac, así como instituciones financieras como Bear Stearns, Lehman Brothers, Merrill Lynch y AIG comenzaron a fallar.

Mientras esto ocurría, los comentaristas comenzaron a culpar al gobierno, a las instituciones financieras, a Wall Street e incluso a quienes obtuvieron hipotecas. A lo largo de la campaña presidencial de 2008 y durante los años posteriores, hubo quejas de que esto fue el resultado de destruir las protecciones y la desregulación de los consumidores.

Entonces, ¿es la crisis actual un resultado de estas políticas? ¿Es la desregulación el culpable? Kevin Hassett ha propuesto una simple prueba de esta visión.[64] Señala que los países de todo el mundo tienen estructuras reguladoras muy diferentes. Algunos tienen estructuras reguladoras relativamente livianas, mientras que otros tienen una intrusión mucho más significativa en los mercados.

Si la desregulación es el problema, entonces los países que tienen regulaciones más flexibles deberían tener una mayor crisis económica. Pero eso no es lo que encontramos. Si trazas el grado de libertad económica de un país en el eje X y el porcentaje de cambio en el mercado de valores local en el eje Y, encontrarás exactamente lo contrario a esa predicción.

La correlación es sorprendente. Dibuja una línea desde países con baja libertad económica (como China y Turquía) a países con mayor libertad económica (como los Estados Unidos) y notarás que la mayoría de los países se unen a la línea. Dicho de otra manera; la línea de regresión es estadísticamente significativa.

Si la crisis fue el resultado de la desregulación, entonces la línea debería tener una pendiente descendente (lo que significa que los países que son más libres económicamente tuvieron el mayor colapso en sus mercados de valores). Pero la línea se inclina hacia arriba. Eso parece implicar que los países que son económicamente libres han sufrido menos que los países que no lo son. Si bien puede ser cierto que un solo gráfico y una correlación estadística ciertamente no cuentan toda

---

[64] Kevin Hassett, "The Regulators' Rough Ride," National Review, 15 December 2008, 10.

la historia, sí sugiere que la crisis no se debió a la desregulación.

El fin de la Prosperidad

A medida que se desarrollaba la crisis financiera de 2008, un importante libro económico estaba llegando al mercado. El título del libro es *The End of Prosperity* de Arthur Laffer, Stephen Moore y Peter Tanous.[65]

El libro proporciona una excelente documentación de muchos de los problemas económicos que ya hemos discutido, pero también mira hacia el futuro.

Los autores muestran que, a diferencia de la sabiduría convencional, a la clase media le ha ido mejor en Estados Unidos. Muestran cómo las personas que viven en estados con impuestos altos se están moviendo a estados con impuestos bajos. Y documentan los notables cambios en Irlanda debido a la reducción de los impuestos. He hablado sobre algunos de estos temas en artículos anteriores y en mis comentarios en la radio. Su libro proporciona amplias notas finales y documentación para respaldar estas conclusiones.

Arthur Laffer, en una columna del *Wall Street Journal*, cree que "los pánicos financieros, si se dejan solos, rara vez causan mucho daño a la economía real."[66]

Pero luego señala que el gobierno no podía dejar esta crisis financiera sola. Se lamenta de que los contribuyentes tengan que pagar estos rescates porque los propietarios y prestamistas perdieron dinero. Él señala: "Si el valor de la casa hubiera aumentado, créeme, que los dueños de casas,

---

[65] Arthur Laffer, Stephen Moore, and Peter Tanous, The End of Prosperity (New York: Simon and Schuster, 2008).

[66] Arthur Laffer, "The Age of Prosperity Is Over," Wall Street Journal, 27 October, 2008, A19,online.wsj.com/article/SB122506830024970697.html.

que tienen demasiadas deudas y los bancos demasiado agresivos, nunca habrían compartido su ganancia con los contribuyentes."

También le preocupa la capacidad del gobierno para enfrentar el problema. Él dice: "Solo observa cómo el Congreso y Barney Frank dirigen los bancos. Si pensaste que hicieron un mal trabajo dirigiendo la oficina de correos, Amtrak, Fannie Mae, Freddie Mac y el ejército, solo espera a ver qué harán con Wall Street."

La razón por la que los autores escribieron *The End of Prosperity* fue para exponer lo que ha funcionado en el pasado como una receta para el futuro. Les preocupaba que las tasas de impuestos estuvieran subiendo y no bajando, que el dólar estuviera cayendo y que Estados Unidos estuviera retrosediendo en el comercio y la globalización. También les preocupaba que el presupuesto federal estuviera fuera de control y que varias promesas de campaña (cuidado de la salud, política energética, política ambiental) en realidad harían más daño que beneficio.

Uno de sus capítulos finales se titula "La Muerte de la Cordura Económica." Temían que el impulso actual hacia una mayor intervención gubernamental mataría a la economía. Si bien esperaban que los políticos fueran lentamente en lugar de lanzar un arsenal de asesinos de la economía, no eran demasiado optimistas. Por eso llamaron a su libro *The End of Prosperity*.

El Futuro de la Prosperidad

¿Qué tienen que decir otros economistas sobre nuestro futuro? La Biblia nos dice que hay sabiduría en muchos consejeros (Proverbios 15:22). Entonces, cuando vemos que diferentes economistas dicen esencialmente lo mismo, debemos prestar atención.

118

Robert Samuelson, escribiendo en la revista *Newsweek*, habla sobre "El futuro de la riqueza." Comienza hablando de las principales dislocaciones económicas de los últimos meses:

El gobierno se ha hecho cargo de los gigantes hipotecarios Fannie Mae y Freddie Mac. El Tesoro ha realizado inversiones en muchos de los principales bancos de la nación. La Reserva Federal está bombeando US$1 billón para estabilizar los creditos del mercados. El desempleo en los Estados Unidos está en 6.1 por ciento, por encima de un mínimo reciente de 4.4 por ciento, y se dirige hacia el 8 por ciento, según algunas estimaciones.[67]

Samuelson dice que se llevará a cabo una recuperación, pero podemos encontrarla insatisfactoria. Él cree que vamos a caer en un estado de "privación de la prosperidad." Él no quiere decir pobreza, pero sí quiere decir que habrá un estado mental en el que las personas se sentirán más pobres de lo que se sienten en este momento.

Dice que la economía de los EE. UU. se ha beneficiado durante aproximadamente un cuarto de siglo "de los efectos colaterales expansivos de la caída de la inflación (tasas de interés más bajas, mayor deuda, mayor riqueza personal) hasta el punto en que tuvimos una sobredosis de placer y ahora estamos sufriendo resaca." Esencialmente, la prosperidad engendró hábitos, y muchos de estos hábitos eran malos. Los ahorros personales disminuyeron, y la deuda y el gasto aumentaron.

Esencialmente, estamos sufriendo de **"afluenza"** (es una enfermedad dolorosa y contagiosa de transmisión social consistente en sobrecarga, endeudamiento, ansiedad y despilfarro como consecuencia del obstinado empeño por poseer más. Sentimiento pesado y lento de insatisfacción como resultado de los esfuerzos de

---

[67] Robert Samuelson, "The Future of Affluence," Newsweek, 10 November 2008, 26-30.

mantenerse al ritmo de la clase social y los bienes materiales de los vecinos.) En realidad, ese es el título de un libro publicado hace muchos años para definir el problema del materialismo en general y del consumismo en particular.

Los autores dicen que el virus de la afluenza "no se limita a las clases altas, sino que ha encontrado formas en toda nuestra sociedad. Sus síntomas afectan tanto a los pobres como a los ricos. . . La afluenza nos infecta a todos, aunque de diferentes maneras."[68] Los autores continúan diciendo: "La epidemia de la afluenza está arraigada en la búsqueda obsesiva, casi religiosa, de la expansión económica, que se ha convertido en el principio central de lo que se llama el Sueño Americano."

Cualquiera que vea algunas de las estadísticas sociales de los Estados Unidos podría concluir que nuestras prioridades están fuera de control. Gastamos más en zapatos, joyas y relojes que en educación superior. Gastamos mucho más en la mantención de los automóviles que en actividades religiosas y de asistencia social. Tenemos el doble de centros comerciales que escuelas secundarias.

La cura para el virus de la afluenza es una perspectiva bíblica adecuada hacia la vida. Jesús cuenta la parábola de un hombre rico que decide derribar sus graneros y construir otros más grandes (Lucas 12:18). No está satisfecho con su situación actual, pero se esfuerza por mejorarla. Hoy en día, la mayoría de nosotros nos hemos ajustado a una vida de opulencia como algo normal y necesitamos resistir activamente al virus de la afluenza.

---

[68] John DeGraaf, David Wann, and Thomas Naylor, Affluenza: The All-Consuming Epidemic, 2nd ed. (SF: Berrett-Koehler, 2005), xviii.

Squanderville

Otra forma de ver el futuro económico de los Estados Unidos es comprender la historia que Warren Buffett cuenta sobre dos islas de igual tamaño y dos ciudades ficticias en cada isla: Thriftville y Squanderville.[69]

Vamos a definir algunas cosas antes de comenzar esta historia:

-Squanderville: esta ciudad ficticia representa usar el dinero imprudentemente.

-Squander: significa malgastar el dinero.

-Thriftville: esta ciudad ficticia representa usar el dinero sabiamente.

-Thrifty: significa ahorrar dinero.

-Squanderbucks: este es el dinero ficticio que usa la ciudad ficticia de Squanderville.

-Squanderbonds: Estos son bonos ficticios para la ciudad ficticia de Squanderville. Los bonos son certificados emitido en lugar de dinero (es como usar un crédito una y otra vez hasta que estás endeudado, al punto en el que no puedes pagar la deuda).

En estas islas, la tierra es un activo de capital. Al principio, las personas en ambas islas están en un nivel de subsistencia y trabajan ocho horas al día para satisfacer sus necesidades. Pero los Thrift (así se les llama a las personas que viven en Thriftville) se dan cuenta de que si trabajan más y más tiempo, pueden producir un excedente de bienes que pueden comerciar con los Squanders (así se les llama a las personas que viven en Squanderville). Por lo tanto, los Thrift deciden ahorrar e invertir seriamente y

---

[69] Warren Buffett, "America's Growing Trade Deficit Is Selling the Nation Out From Under Us," Fortune, 26 October 2003.

comienzan a trabajar dieciséis horas al día. Comienzan a exportar a Squanderville.

A la gente de Squanderville le gusta la idea de trabajar menos. Pueden comenzar a vivir sus vidas libres de trabajo. Así que intercambian voluntariamente estos productos con "Squanderbonds" que es equivalente al valor monetario en "Squanderbucks."

Con el tiempo, los ciudadanos de Thriftville acumulan muchos Squanderbonds. Algunos de los expertos en Squanderville ven problemas. Prevén que ahora los Squanders tendrán que dedicar el doble de tiempo para satisfacer financieramente las necesidades de sus familias y pagar sus deudas.

Casi al mismo tiempo, los ciudadanos de Thriftville comienzan a ponerse nerviosos y se preguntan si los Squanders pagarán por sus Squanderbonds (que son esencialmente pagarés). Por lo tanto, los Thrift comienzan a vender sus Squanderbonds por Squanderbucks. Luego usan los Squanderbucks para comprar tierras de Squanderville. Eventualmente, los Thrift son dueños de todo Squanderville.

Ahora los ciudadanos de Squanderville deben pagar alquiler para vivir en sus tierra, que ahora es propiedad de los Thrift. Los Squanders sienten que han sido colonizados por la compra de sus tierras en lugar de una conquista de sus tierras. Y también se enfrentan a un conjunto de horribles circunstancias. Ahora no solo deben trabajar ocho horas para satisfacer financieramente las necesidades de sus familias, sino que deben trabajar horas adicionales para pagar las deudas y pagar el alquiler a Thriftville, por la tierra que les vendieron.

¿Te suena familiar esta historia? Debería. Squanderville es América.

El economista Peter Schiff dice que Estados Unidos "ha tenido la oportunidad de ganar mucho dinero por muy poco esfuerzo." Ve como otros países comienzan a reclamar sus propios recursos y productos manufacturados. Como resultado, los estadounidenses no pueden invertir en el mercado debido al aumento de los precios, porque estos otros países van a disfrutar del consumo de bienes que los estadounidenses compraron anteriormente.

Él dice: "Si Estados Unidos hubiera mantenido una economía viable y continuara produciendo bienes en lugar de simplemente consumirlos, y si hubiéramos ahorrado dinero en lugar de pedir prestado, nuestro nivel de vida podría aumentar con el de todos los demás." En su lugar, destruimos nuestra manufactura, dejamos que nuestra infraestructura decaiga y animamos a nuestros ciudadanos a pedir prestado sin pensar en las consecuencias."[70]

Parece que hemos sido infectados con el virus de la afluenza. El problema de la raíz es el materialismo que a menudo genera descontento. Queremos más del mundo y sus posesiones en lugar de más de Dios y su voluntad en nuestras vidas.

Qué contraste con lo que dice Pablo en Filipenses, donde considera que todas las cosas son pérdidas (3: 7-8) y, en cambio, ha aprendido a estar contento (4:11). Continúa hablando sobre la piedad con alegría en 1 Timoteo 6: 6-7. La alegría es un antídoto eficaz para el materialismo y la base para una perspectiva bíblica adecuada durante estos difíciles tiempos económicos.

---

[70] Kirk Shinkle, "Permabear Peter Schiff's Worst-Case Scenario," U.S. News and World Report, 10 December 2008, tinyurl.com/63sqkh

CAPÍTULO 13 El Consumismo y el Materialismo

El consumismo es una preocupación dentro de la sociedad y dentro de la iglesia. Así que me gustaría analizar estas dos áreas de preocupación citando libros que abordan este tema. El clásico libro secular sobre este tema es *Affluenza: The All-Consuming Epidemic*.[71] Un excelente libro Cristiano que trata el tema del consumismo (en uno de sus capítulos) es el libro de Michael Craven, *Uncompromised Faith: Overcoming Our Culturalized Christianity*.[72]

Aunque muchas personas utilizan los términos consumismo y materialismo por igual, existe una diferencia. El consumismo es mucho más que el mero materialismo. Es una forma de percibir el mundo que nos ha afectado a todos (especialmente a los estadounidenses), jóvenes y viejos, ricos y pobres, creyentes y no creyentes, de manera significativa. Esencialmente, es un deseo interminable de poseer bienes materiales y lograr el éxito personal.

Otros han definido el consumismo como *tener* en lugar de *ser*.[73]

Tu valía y valor se determina por lo que tienes en lugar de por quién eres. Se trata de comprar un estilo de vida particular para encontrar tu valía, valor y dignidad.

---

[71] John DeGraaf, David Wann, and Thomas Naylor, Affluenza: The All-Consuming Epidemic, 2nd ed. (San Francisco: Berrett-Koehler, 2005).

[72] Michael Craven, Uncompromised Faith: Overcoming Our Culturalized Christianity (Colorado Springs, CO: NavPress, 2009).

[73] Richard John Neuhaus, Doing Well and Doing Good: The Challenge to the Christian Capitalist (New York: Doubleday, 1992), 52-53.

Como Cristianos, debemos ser definidos por el hecho de que somos creados a la imagen de Dios y tenemos un valor y una dignidad intrínsecos.

La mayoría de los estadounidenses no tienen una visión bíblica del materialismo y el consumismo. Una encuesta realizada por George Barna encontró que el 72 por ciento cree que Dios bendice a las personas para que puedan disfrutar la vida tanto como sea posible. También descubrió que el 81 por ciento cree que la Biblia enseña que Dios ayuda a los que se ayudan a sí mismos.[74]

Incluso los escritores seculares ven los problemas con el consumismo. Los escritores de *Affluenza* dicen que es un virus que "no se limita a las clases altas, sino que lo han encontrado en toda nuestra sociedad. Sus síntomas afectan tanto a los pobres como a los ricos. . . La Afluenza nos infecta a todos, aunque de diferentes maneras."[75]

Los autores continúan diciendo: "La epidemia de la *Afluenza* está arraigada en la búsqueda obsesiva, casi religiosa, de la expansión económica que se ha convertido en el principio central de lo que se llama el sueño americano."[76]

La afluenza se basa en una serie de conceptos clave. Primero, se basa en la creencia de que la medida del progreso nacional se puede medir por el producto interno bruto. Segundo, está arraigado en la idea de que cada generación debe hacerlo mejor económicamente que la generación anterior.

Las consecuencias de esto son devastadoras tanto para la nación como para los individuos. Vivimos en una época en que las realidades económicas deberían restringir

---

[74] George Barna, *The Second Coming of the Church* (Nashville, TN: Word, 1998), 21.

[75] Affluenza, xvii.

[76] Ibid., 3.

el gasto (tanto como nación y como individuos). En cambio, hemos perseguido corporativamente e individualmente un estilo de vida de "compre ahora y pague después" para expandirnos económicamente. Como hemos discutido en artículos anteriores, esta filosofía no nos ha funcionado bien.

En un intento por encontrar la felicidad y la satisfacción al perseguir "la buena vida", los estadounidenses, en cambio, han encontrado en esto solo vacío. El consumismo parece prometer realización, pero, por desgracia, es simplemente una ilusión. El consumismo no satisface.

Valores Invertidos y Cambiando Actitudes

Cualquiera que vea algunas de las estadísticas sociales de los Estados Unidos podría concluir que nuestras prioridades están fuera de control. Por ejemplo, gastamos más en zapatos, joyas y relojes que en educación superior. Gastamos mucho más en la mantención los de automóviles que en actividades religiosas y de asistencia social. Y tres veces más estadounidenses compran regalos de Navidad para sus mascotas que un regalo para sus vecinos.[77]

Las deudas y los gastos innecesarios también muestran prioridades sesgadas. Más estadounidenses se han declarado en bancarrota personal que graduados de la universidad. Nuestra producción anual de gastos innecesarios llenaría un convoy de camiones de basura que se podría extender hasta la mitad de la luna. Tenemos el doble de centros comerciales que escuelas secundarias.[78] Los estadounidenses parecen estar trabajando hasta la muerte para pagar todo lo que poseen o quieren comprar. Ahora trabajamos más horas cada año que los ciudadanos

[77] U.S. Census Bureau, Statistical Abstract of the United States (Washington, DC: U.S. Government Printing Office, 2004-2005).

[78] Affluenza, 4.

de cualquier otro país industrial, incluido Japón. Y de acuerdo con las estadísticas del Departamento de Trabajo, los trabajadores estadounidenses a tiempo completo están dedicando ciento sesenta horas más (esencialmente un mes más) de lo que hacían en 1969.[79] Y el noventa y cinco por ciento de nuestros trabajadores dicen que desearían pasar más tiempo con sus familias.[80]

Los estadounidenses reconocen el problema y están tratando de simplificar sus vidas. Una encuesta realizada por el Centro para un Nuevo Sueño Americano mostró un cambio en las actitudes y la acción. La encuesta reveló que el ochenta y cinco por ciento de los estadounidenses piensan que nuestras prioridades están fuera de control. Por ejemplo, casi nueve de cada diez (ochenta y ocho por ciento) dijeron que la sociedad estadounidense es demasiado materialista. También encontraron que la mayoría de los estadounidenses (noventa y tres por ciento) sienten que estamos demasiado concentrados en trabajar y ganar dinero. También piensan (noventa y uno por ciento) que compramos y consumimos más de lo que necesitamos. Más de la mitad de los estadounidenses (cincuenta y dos por ciento) dijeron que tienen demasiadas deudas.[81]

La encuesta encontró que muchos estadounidenses estaban tomando medidas para trabajar menos, incluso si eso significaba reducir su consumo. Casi la mitad de los estadounidenses (cuarenta y ocho por ciento) dicen que hicieron cambios en su vida voluntariamente para tener más tiempo y tener una vida menos estresante. Este aumento en el número de los autoproclamados 'personas

---

[79] Ibid., 42.

[80] Ibid., 4.

[81] Center for a New American Dream, 2004 survey, www.newdream.org/about/pdfs/PollRelease.pdf.

que deciden trabajar menos', sugiere el comienzo de un cambio nacional en las prioridades.

Quizás los estadounidenses se están dando cuenta de que más bienes de consumo no los hacen felices. Piense en el año 1957. Ese fue el año en que la serie *Leave it to Beaver* se estrenó en televisión. También fue el año en que los rusos lanzaron a Sputnik al espacio. Eso fue hace mucho tiempo.

Sin embargo, 1957 es significativo por otra razón. Fue ese año que los estadounidenses se describieron a sí mismos como "muy felices", un nivel de felicidad que alcanzó su punto máximo ese año.[82] Desde entonces, ha habido un porcentaje cada vez menor de estadounidenses que se describen a sí mismos de esa manera, a pesar de que el tamaño de las casas promedio hoy en día es el doble de lo que era en la década de 1950 y estas casas están llenas de productos electrónicos de consumo con los que alguien en ese entonces solo podía soñar.

Debilitando a la Familia y la Iglesia

¿Cuál ha sido el impacto del consumismo? Michael Craven habla sobre cómo el consumismo ha debilitado a la familia y la iglesia.

La familia se ha visto afectada negativamente por las presiones de tiempo creadas por una mentalidad de consumidor. El tiempo familiar solía estar protegido, hasta cierto punto, de las demandas de empleo. Eso ya no es así. "Ya no dudamos en trabajar los fines de semana y en las noches o viajar los Domingos, por ejemplo, para hacer la reunión del Lunes por la mañana."[83] Como ya hemos mencionado, los estadounidenses trabajan más horas que

---

[82] David Myers, The American Paradox (New Haven, CT: Yale University Press, 2000), 136.

[83] Craven, Uncompromised Faith, 79.

128

nunca. La señal que se está enviando a todo el mundo corporativo es que debes estar dispuesto a sacrificar el tiempo con tu familia para salir adelante. Y eso es exactamente lo que está ocurriendo.

Los sociólogos han concluido: "Desde 1969, el tiempo que los padres estadounidenses pasan con sus hijos ha disminuido en 22 horas por semana."[84] Algunos han cuestionado este estudio porque su estimación de la disminución provino de restar el aumento de las horas de trabajo de los padres del total de horas de vigilia. Sin embargo, creo que lo importante es que las familias sufren de consumismo, y este estudio es paralelo a otros estudios que han analizado la disminución en la calidad de la interacción entre padres e hijos en el hogar.

La conclusión es esta: los estadounidenses pueden hablar sobre los valores familiares y el tiempo de calidad con sus hijos, pero su comportamiento demuestra que no viven esos valores. Con frecuencia, los niños y sus necesidades son sacrificados en el altar del éxito profesional. El mercado triunfa sobre el tiempo familiar más de lo que nos gustaría pensar que lo hace.

La iglesia también ha sido debilitada por el consumismo. Los estilos de vida ocupados y las presiones del tiempo desplazan la asistencia a la iglesia. La asistencia semanal a la iglesia ha alcanzado su punto más bajo en Estados Unidos. E incluso para aquellos que tratan de ir a la iglesia regularmente, la concurrencia a veces es incierta. Hace años, me di cuenta de lo difícil que era enseñar una serie en una clase de escuela dominical porque había muy poca continuidad en la asistencia de una semana a otra.

---

[84] L.C. Sayer, et. All, "Are Parents Investing Less in Children," paper presented at the American Sociological Association annual meeting, August 2000.

Craven señala que aquellos que están insatisfechos con un estilo de vida creado por el consumidor recurren a la iglesia en busca de sentido y propósito. Desafortunadamente, piensan que: "al integrar una 'pequeña religión' en sus vidas, equilibrarán y perfeccionarán el estilo de vida. Trágicamente, no se dan cuenta de que no es su estilo de vida el que necesita la salvación; son sus mismas almas."[85]

El consumismo también afecta la forma en que vivimos nuestra vida Cristiana. Los consumistas religiosos agregan disciplinas espirituales a sus vidas de la misma manera en que abordan el trabajo (como una tarea que debe cumplirse con metas medibles). Al final, la actividad espiritual se convierte en un elemento más en una lista de tareas pendientes.

Craven nos recuerda que Jesucristo no debe ser tratado como un bien entre muchos. Jesucristo debe ser el Bien Supremo y la fuente de toda vida.

Debilitando a la comunidad y el carácter

¿Cuál ha sido el impacto del consumismo? Craven habla sobre cómo el consumismo ha debilitado la comunidad y cómo también ha minado la virtud y el carácter. "Con una mayor prioridad otorgada al mercado, sigue un compromiso menor con los vecinos, la comunidad y las conexiones con la familia; los niños son desplazados por la busca de oportunidades, y las prioridades familiares están subvertidas a las demandas de la empresa."[86]

Esto tiene un impacto adverso en la ciudadanía. Las personas ya no son ciudadanos sino consumidores. Los

---

[85] Affluenza, 80.
[86] Ibid.

ciudadanos tienen deberes y responsabilidades hacia sus conciudadanos. Los consumidores no los tienen. Simplemente están participando de lo que la economía del consumo les proporciona. Los ciudadanos se preocupan por los demás y su comunidad. Los consumidores solo se preocupan por lo que la sociedad puede proporcionarles.

El filósofo Cristiano Francis Schaeffer predijo que a medida que la sociedad pasaba de la "muerte de Dios" a lo que hoy podemos llamar la "muerte de la verdad", solo quedaban dos cosas: "paz personal y prosperidad personal." Schaeffer argumentó que una vez que los estadounidenses aceptaban esta clase de valores, lo sacrificarían todo para proteger su paz personal y su riqueza.[87]

El consumismo también debilita la virtud y el carácter. "Aleja el objetivo de la vida humana de cultivar la virtud y el carácter, conocer la verdad y contentarse con un estilo de vida idealizado y construido artificialmente, que se refuerza continuamente a través de los medios, el entretenimiento y la publicidad."[88]

Con esta visión de la vida, las cosas se vuelven más importantes que las personas. Tener es más importante que ser. Y es un estilo de vida que persigue la distracción (deportes, entretenimiento, pasatiempos, etc.) casi en un esfuerzo por evitar pensar en el mundo real y sus circunstancias.

Como ya hemos señalado, el consumismo no satisface. De hecho, se puede argumentar que una mentalidad consumista nos coloca en un lugar emocional donde estamos perpetuamente descontentos. No podemos disfrutar a largo plazo de lo que es bueno porque siempre queremos más. Esto se hace aún más difícil

---

[87] Francis Schaeffer, How Should We Then Live? (Old Tappan: NJ: Fleming Revell, 1976), 205.

[88] Affluenza, 81.

en nuestro mundo, donde las imágenes publicitarias proporcionan una serie interminable de opciones que se nos promueven según sea necesario para lograr la vida perfecta.

Michael Craven señala que cuando los Cristianos hablan de estar contentos; a menudo, esto se ridiculiza por estar dispuesto a "conformarse con menos" e incluso condenado como "perezoso, derrotista e irresponsable."[89] En cambio, nos anima hablar de "hacer todas las cosas para la gloria de Dios" que se puede usar para racionalizar una mentalidad consumista.

Una Perspectiva Bíblica Sobre el Materialismo y el Consumismo

Vivimos en una cultura que nos anima a comprar más y más. Ya no se nos anima a vivir dentro de nuestros medios. Estamos tentados a comprar más que solo lo necesario y tentados a gastar más en lujos. La Biblia nos advierte sobre esto. Proverbios 21:17 dice: "El que ama el placer será pobre; el que ama el vino y los ungüentos no se enriquecerá."

En nuestras vidas, tenemos mucho dinero que fluye a través de nuestras manos, y necesitamos tomar decisiones más sabias. Considera que una persona que gana solo US$25,000 al año, en su vida tendrá un millón de dólares en sus manos. El ingreso familiar promedio en América es el doble. Eso significa que dos millones de dólares pasarán por las manos de una familia estadounidense promedio.

Un aspecto trágico del consumismo es que nunca hay suficiente. Siempre existe el deseo de más porque cada compra solo satisface por un corto tiempo. Luego está la necesidad de más y más. Esencialmente, es la ley de rendimientos decrecientes. Los economistas usan un

---

[89] Ibid., 83.

término más técnico: la ley de la disminución del rendimiento marginal. En pocas palabras, cuanto más obtenemos, menos satisface y más queremos.

Una vez más, la Biblia nos advierte sobre esto. Hageo 1: 5-6 dice: "Ahora pues, así dice el Señor de los ejércitos: Considerad bien vuestros caminos. Sembráis mucho, pero recogéis poco; coméis, pero no hay suficiente para que os saciéis; bebéis, pero no hay suficiente para que os embriaguéis; os vestís, pero nadie se calienta; y el que recibe salario, recibe salario en bolsa rota."

También debemos ser ciudadanos responsables. Una consecuencia trágica del consumismo es lo que esto le hace al ciudadano medio. James Kunstler, autor de *The Geography of Nowhere*, cree que hemos "mutado de ciudadanos a consumidores." Dice: "Los consumidores no tienen deberes, responsabilidades u obligaciones para con sus compañeros consumidores. Los ciudadanos sí. Tienen la obligación de preocuparse por sus conciudadanos y por la integridad del medio ambiente y la historia de la ciudad."[90]

América fue una vez una nación de personas unidas. Alexis de Tocqueville señaló esto en su libro *Democracy in America*. Los estadounidenses se unirían en todo tipo de asociaciones voluntarias. Sin embargo, parece que ya no somos unidos sino solitarios. Claro, todavía hay muchas personas que se ofrecen voluntariamente y dan de su tiempo. Sin embargo, gran parte de este voluntariado se lleva a cabo mientras vivimos nuestras vidas ocupadas.

Los Cristianos son llamados a ser la sal de la tierra (Mateo 5:13) y la luz del mundo (Mateo 5: 14-16). También estamos llamados a ser embajadores de Cristo (2 Corintios 5:20). Debemos resistir las tentaciones del consumismo que nos animan a centrarnos en nosotros

---

[90] James Kunstler in discussion with David Wann, March 1997, quoted in Affluenza, 65.

mismos y retirarnos de la participación activa en la sociedad.

APÉNDICE Versículos de la Biblia sobre Economía y Finanzas

1. Planificación y presupuesto

Proverbios 6:6-8; Proverbios 13:16; Proverbios 14:15; Proverbios 21:5; Proverbios 22:3; Proverbios 27:1; Lucas 14:28-30; Efesios 5:15-16

2. Aprendiendo a estar contentos

Eclesiastés 5:10; Mateo 6:25-26; Lucas 12:15; Filipenses 4:11-13; 1 Timoteo 6:6-8; Hebreos 13:5

3. Evitando la codicia y el materialismo

Proverbios 28:20-22; Lucas 12:15; 1 Corintios 7:31; 1 Timoteo 6:9-10

4. Evitando deudas

Salmos 37:21; Proverbios 2:7; Proverbios 22:7; Romanos 13:8; 1 Timoteo 5:8

5. Dar y diezmar

Proverbios 3:9-10; Malaquías 3:8-10; Mateo 6:1-4; Lucas 6:38; 1 Corintios 16:1-2; 2 Corintios 8:2-3; 2 Corintios 9:6-9

6. Invirtiendo

Proverbios 10:4; Proverbios 13:11; Proverbios 15:22; Proverbios 21:20; Eclesiastés 11:2

Bibliografía

Anderson, Kerby. *Making the Most of Your Money in Tough Times.* Eugene, OR: Harvest House, 2009.

Craven, Michael. *Uncompromised Faith: Overcoming Our Culturalized Christianity.* Colorado Springs, CO: NavPress, 2009.

DeGraaf, John, David Wann, and Thomas Naylor. *Affluenza: The All-Consuming Epidemic.* San Francisco: Berrett-Koehler, 2005.

Fishman, Charles. *The Wal-Mart Effect.* New York: Penguin, 2006.

Friedman, Thomas. *The World is Flat: A Brief History of the Twentieth Century.* New York: Farrar, Straus and Giroux, 2005.

Hayek, F.A. *The Road to Serfdom: Text and Documents, the Definitive Edition ed. Bruce Caldwell.* Chicago: University of Chicago Press, 2007.

Laffer, Arthur, Stephen Moore, and Peter Tanous. *The End of Prosperity.* New York: Simon and Schuster, 2008.

Richards, Jay. *Money, Greed, and God.* New York: Harper One, 2009.

Smith, Adam. *The Wealth of Nations.* 1776.

Stapleford, John. *Bulls, Bears & Golden Calves.* Downers Grove, IL: Intervsrsity Pres, 2002.

**CHRISTIAN PUBLISHING
HOUSE & PROBE MINISTRIES**

CHRISTIANS AND GOVERNMENT

A Biblical Point of View

KERBY ANDERSON

CHRISTIANS AND GOVERNMENT: A Biblical Point of View by Kerby Anderson

$5.95

If Our Books are Not What the Book Description Claims—100% Money Back If Bought Here!

Print List Price: $9.95

CPH Price: $5.95

Save $4.00 (40%)

Product Details

Paperback: 142 pages

Publisher: Christian Publishing House (July 12, 2016)

Language: English

ISBN-13: 978-1-945757-00-6

ISBN-10: 1-945757-00-0

Product Dimensions: 5" x 8"

Also in eBook Format

Kindle eBook Amazon: $4.95

Nook eBook Barnes & Noble: $4.95

Kobo eBooks: $4.95

Google eBooks: $4.95

Book Description

Government affects our daily lives, and Christians need to think about how to apply biblical principles to politics and government. This book provides an overview of the biblical principles relating to what the apostle Paul calls "governing authorities" (i.e., government) with specific chapters dealing with the founding principles of the American government. This includes an examination of the

Declaration of Independence, the Constitution, the Bill of Rights, and the Federalist Papers.

The thirteen chapters in this book not only look at the broad founding principles but also provide an in-depth look at other important political and governmental issues. One section explains the history and application of church and state issues. Another section describes aspects of political debate and discourse. A final section provides a brief overview of the Christian heritage of this nation that was important in the founding of this country and the framing of our founding documents.

Some questions that Anderson will answer are: Is it possible for humans to establish a government that will actually bring lasting peace and security? What are some of the important biblical principles in establishing government? What hinders human efforts in setting up and maintaining the perfect government? How can we develop discernment and make wise choices about candidates and governmental policies? What is the answer to the problems of corruption and oppression? Why should we seriously consider what the Bible says about what the apostle Paul called "governing authorities" and our future?

Author Biography

KERBY ANDERSON is the President of Probe Ministries. He also serves as a visiting professor at Dallas Theological Seminary and has spoken on dozens of university campuses including University of Michigan, Vanderbilt University, Princeton University, Johns Hopkins University, University of Colorado and University of Texas. He is the host of "Point of View" radio talk show and regular guest on "Fire Away" (American Family Radio). He has appeared or numerous radio and TV talk shows including the "MacNeil/Lehrer News Hour," "Focus on the Family," "Beverly LaHaye Live," and "The 700 Club." He is the author of thirteen books.

B.S., Oregon State University (Zoology)

M.F.S., Yale University (Science)

M.A., Georgetown University (Government)

Kennedy Institute of Bioethics (Washington, D.C)

140